尘封的古山庄

Chenfeng De Gu Shanzhuang

总策划　尹继佐
撰　稿　杨晓玲　吴　刚
摄　影　王天平　郭　良
　　　　鄂冀生

上海社会科学院出版社

前 言

九百六十万平方公里的神州大地上，无数古山庄、古村落，宛若灿烂星河，洒落在长城内外、黄河上下、大江南北、西南边陲、海峡两岸的大地上，它是我国农耕文明的根基和精粹，也是不可再生的文化资源和旅游资源，更是优秀传统文化的重要载体和中华民族的精神家园。

呈现在读者面前的这本图文并茂的作品，是作者花了两年时间，走访了苏、浙、皖三地50多个古山庄精选出来的。这些山庄大多已经破败，但都有优美的山水环境、数百年的建村历史、创业始祖的故事和家规遗训，有相当存量的传统建筑和人文景观。这些山庄和村落的选址建村、人居环境、建筑格局、营造工艺以及丰富多彩的族群文明，恰是现代文明正在失落、又必须大力倡导的价值观——和谐、环保、天人合一和勤奋、孝道、节俭治家。

但这些山庄和村落又面临着共同的境遇——山水体系的破坏，民居建筑的衰颓，村落景观的凋残，人去村空的无奈，它们在渐渐隐去……

我们行走于破损将倾的圆门曲廊间，驻足在斑驳灰暗的厅堂厢房内，凝神于陈旧残缺的断檐斜梁中，在忧心、痛惜的同时，我们思考，面对热潮涌动的城镇化，作为社会科学工作者，我们可以做点什么？

中央城镇化工作会议公报中有一句充满诗意的话："让城市融入大自然，让居民望得见山、看得见水、记得住乡愁。"要达到"望得见山、看得见水"这一目标虽也困难，但总能达到，毕竟农村的环境污染可以通过山河治理实现碧水青山。但要记住乡愁呢？乡愁是游子对亲人的思念，是对故乡的依恋，是对一方风土人情永难割舍的眷恋；乡愁，是一种文化情感；如果连承载乡愁的载体都没了，皮之不存，毛将焉附！而这些有上百年历史，具有文化价值、见证价值、学术价值、审美价值和精神价值的古山庄、古村落，其不可再生性和不可复制性，更凸显其珍贵和稀罕！不可否认，伴随着经济建设的快速发展，伴随着全球一体化经济文化的交融与交汇，中国乡村必然发生巨大的变

迁，我们不可能将所有的古村落原封不动地保存下来，但是我们必须保护！这是对历史的尊重、对文化的继承、对子孙的负责、对人类的贡献。那么，在这样的复杂背景下，如何正确认识古山庄、古村落的文化价值？如何对古山庄、古村落加以有效的保护？如何规避保护中出现的不良倾向？又如何在困难重重的保护和利用中走出一条坦途？这是需要我们艰辛探索和认真研究的。这正是我们课题立项的初衷，也是我们全体成员努力的目标。

希冀这个作品能为目标的实现作出绵薄之力！

尹继佐

2014年6月

目录 contents

前　言　　　　　　　　　　　　　尹继佐　　1

青山绿水　文化名村　　　　　　　　　　1
——安徽省宣城市泾县榔桥镇黄田村

人间仙境　桃花潭畔　　　　　　　　　　13
——安徽省宣城市泾县桃花潭镇

千松万竹　通灵古秀　　　　　　　　　　25
——安徽省黄山市绩溪县灵山村

碑坊屹立　古宅幽幽　　　　　　　　　　39
——安徽省黄山市绩溪县浩寨乡冯村

世事如弈　维系宗族　　　　　　　　　　53
——安徽省黄山市绩溪县上庄镇棋盘村

天人合一　田园牧歌　　　　　　　　　　60
——安徽省黄山市"瞻淇"古村

上古而来　礼仪之村　　　　　　　　　　74
——浙江省绍兴县稽东镇冢斜村

深山古村　诗画相传　　　　　　　　　　88
——浙江省浦江县白马镇嵩溪村

朝夕相处　世代交织　　　　　　　　　　**100**
——浙江省绍兴市诸暨东白湖镇斯宅村

青龙茜水　灵岩奇葩　　　　　　　　　　**114**
——浙江省浦江县虞宅乡新光村朱宅

一门忠烈　世德永传　　　　　　　　　　**124**
——浙江省兰溪县黄石镇三泉村世德堂

山村祈盼　长发其祥　　　　　　　　　　**135**
——浙江省武义县大溪口乡山下鲍村

砖雕木刻　传世之作　　　　　　　　　　**146**
——浙江省仙居县白塔镇高迁村

耕读文化　祥和至诚　　　　　　　　　　**159**
——浙江省建德市大慈岩镇新叶村

唐砖宋瓦　千山万甍　　　　　　　　　　**171**
——浙江省泰顺县筱村镇徐岙底村

中国进士　第一村落　　　　　　　　　　**180**
——浙江省宁波市鄞州姜山镇走马塘村

残破凄美　容颜依稀　　　　　　　　　　**189**
——江苏省南京市江宁区佘村

镌刻汗青　树植人文　　　　　　　　　　**199**
——江苏省南京市江宁区湖熟街道杨柳村

古山庄所在示意图　　　　　　　　　　　**209**

后　记　　　　　　　　　　　　　　　　**211**

青山绿水　文化名村
——安徽省宣城市泾县榔桥镇黄田村

黄田古村

青山绿水　文化名村
——安徽省宣城市泾县榔桥镇黄田村

　　黄田古村落位于宣城市泾县榔桥镇黄子山西麓，历史悠久，文化底蕴深厚，2006年被国务院批准为国家级重点文物保护单位，并荣获首届"中国经典村落景观"称号。整个村落镶嵌在青山绿水之中，境内有保存完好的清代古民居建筑群，是珍贵的历史文化遗产。现存古建筑57处，单体建筑110栋，建筑面积3.3万平方米。

　　黄田村的古建筑既有中国宫廷建筑的庄严，又有皖南徽派建筑的恢弘，还有苏州园

思慎堂

林的精美。村内巷道交错，明沟暗渠相通，活水穿村，其中洋船屋独特的文化建筑，水磨花砖的传统建材工艺和古村落天然水口的风水文化，构成了黄田古村落的经典民宅建筑特色。

一、逐水而居

据说黄田是块风水宝地，明朝末期朱怡举家迁居黄田，繁衍生息，子孙后代兴旺发达，到了清朝中期兴建了数以百计住宅。其中以"堂屋"为主干，有记载的80余个堂名，如今还保存了20多处。

按说这些堂屋和住宅，应该紧挨祖居营建，但黄田村的故居却都远离朱怡故居的遗址。从黄子山上伸下一条"来龙岗"，朱怡的故宅在其东北侧，靠近马冲河的旁边。而黄田村多数古宅，都建在来龙岗的西北。从地形来看，这样的布局似乎也不合理：靠马冲河旁是小山丘和田畈，地势比较开阔，却是建屋不多；而黄田村却位于石井坑口，两边高山夹峙，当中一条凤子河，地形狭窄，偏偏拥挤着许多古宅。

造成这种格局的原因是"水"。马冲河水量

思慎堂外墙上的古墙砖

荣禄大夫第外景

黄田古宅内景

青山绿水　文化名村
——安徽省宣城市泾县榔桥镇黄田村

聚星堂

黄田一景

较小，不足以供给大量人口饮用。凤子河源于十数里长的石井坑，来水量大，终年不竭。人们"逐水而居"，是为了生产、生活的需要。黄田村落聚集在两条山溪的汇合处，溪水向西北面山口流出去。由山口进入黄田，恰如"山重水复疑无路，柳暗花明又一村"。朱琇在《黄田村图记》中说："口隘而腹，客初至疑无路，不知中聚落甚稠，特纵横仅里许，族蕃衍几于莫容。"造成这种格局的原因，当然还有风水说等方面的影响。正是双溪环流的地形，使村舍的布局回环曲折，景物深幽。如果以马冲河为起点，沿双溪居民区划一条曲线，黄田村恰似一条长长的回廊，黛瓦粉墙的宅院点缀其间，园中杏枝飘红、竹梢摇绿，实乃一幅素雅精致的画卷。

二、桃花园里出武生

黄田村历史久远，至少在宋朝就有"黄田里"的名称。《泾县志》载："旗峰山在文殊山东，传为汪居其下。"汪是北宋元丰乙丑进士，是著名学者胡瑗、王安石的门生，历国子监祭酒、中书舍人和应天府知府等职。黄田原来有唐、汪、洪、俞等姓氏居住，到了明朝万历年间，朱氏迁来，逐渐替代其他各姓，成为以朱氏为主的聚居村落，称为"黄田朱家"。

生性淡泊的朱怡，号耒崦，字志耕。他十六岁参加郡试，为六县童生之冠，补增廪生。本有机会飞黄腾达，但他辞官不受，从谢圹冲搬到黄田做隐士。在黄子山下建屋数椽，耕读自娱；亲手书写"莘野家风"和"静观自得"八个大字，制成两块匾额，悬挂在大门内外。可惜这座明代建筑物已经不复存在，只能从道光初年纂修的《朱氏宗谱》上看到记载。志书的《村图》上绘有"莘野家风"的堂屋和边屋，以及一座"映雪斋星"的小屋。朱怡为何选择在此处建住宅？其在《莘野家风记》中说："介村之隈，陂陀环焉，□□两峰，连接檐外，朝旭夕斜，丹翠相合。有山锄笋，有沼蓄鱼，有草树葱茏可爱。田二顷当其口，课禾稼近依门闾。"原来朱怡看中的是这里的幽雅清静，风景如画，且耕且读，乃适合隐居生活的好地方，如同陶氏的桃花源。

荣禄大夫朱子典诰封复印件

黄田古宅内景

黄田古宅内景

青山绿水　文化名村
——安徽省宣城市泾县榔桥镇黄田村

朱氏子孙世代隐居在黄田这个世外桃源，在清静中求得安逸。然而，朱怡没有想到的是，清末朱氏后代中却出了一个习武之人，而且还赞襄了淮军名将刘铭传的一代伟业，青史留名。他就是朱子典，本为当地殷实徽商，好习武，善舞两柄四十斤重的铜锏。因其与淮军著名的"铭字营"统帅刘铭传为世交，忠实追随刘铭传鞍前马后，不仅倾其全部家产，承担"铭字营"后勤物资的保障，还随同刘铭传收复台湾。在此战役中，朱子典率五百水兵在基隆港登陆，为抗击法国侵略军立下了赫赫战功，为表彰其忠勇，朝廷敕封其为"荣禄大夫"。

在黄田，我们曾两次与朱子典的后人相见。这位古稀老人与他妻子，相依相守在难离的故土，看守着祖先的荣耀。他的兄弟、子女们身体里传承着徽商的基因，云游四方，在改革开放的土地上尽情挥发；只是在年节，大包小包地回到祖先曾经生活的故土与二老同乐。

当我们与老人谈起先祖的功绩，老人昏花的目光中会闪现出一丝光亮。他拿出保存多年的敕封复印件，向我们讲述了朱子典的点点滴滴。

三、皇家建筑式样与皖南民居建筑融合的典范

黄田村现有保存较好的古民居80余处，3000多间。黄田村古建筑群在建筑设计和营造上集清代建筑艺术、技术之大成，体现了典型的"儒商"文化，也是古代皖南民居建筑的精品。

黄田古宅的形制，几乎一个模式：正屋前有大院，院门砌有三间门房，两翼各有一座相应的横屋，与正屋构成"四合院"式的院落。正屋大门上首较少使用矩形门额，前墙当中留一间空屋，既是出入"过道"，又是"门厅"，内设木门扇，月梁上都有一对方形驼墩。屋内砖雕较少，但有精致的石雕和木雕。墙裙、石栏、柱基上，浮雕人物、鸟兽、花卉，玲珑剔透。月梁、斜撑、栏板和门窗上，镂雕狮象龙凤和戏文人物，莫不栩栩如生。特别是梁柱、排门、屏风和门窗等木构件，都使用一色的朱红油漆，有的至

荣禄大夫第

荣禄大夫第内景

青山绿水　文化名村
——安徽省宣城市泾县榔桥镇黄田村

今依然色泽鲜艳。在天井中用长条麻石搭砌花墩，上置花卉和假山石盆景，使室内生机盎然。据说黄田的古宅，是从清朝工部引来的官方图纸所建。历史上黄田朱姓有不少人在京城做官，从朝廷工部索取图纸，当是不难之事。又经朱法等人统一规划，形成全村的古宅规制相同、风格一致的特点，占地庞大的永思堂，据说就是参考了朝廷工部图纸而规划布局的。在别的地方是少见的。

荣禄大夫第：清代淮军将领朱子典故居。荣禄大夫第倚畔凤子河而建，全宅九间并列，坐西朝东，建筑面积约有300余平方米。沿凤子河岸道路砌院墙，院门开在左侧。宅内一字形长天井贯通九间房廊前，当中一间为堂心，两边各有四间正房；上层有相应的九间楼房。上下房门、窗扇上均装小方木格，楼下房门上装竹叶形几何纹门楣，窗扇上有八宝图缕空雕栏板，房前天井中用麻石条搭成的花台，上置盆栽花卉和假山石盆景，古雅清幽。

洋船屋：清道光年间，黄田盐茶商朱一乔、朱怀宗父子在沪经商，生意兴隆，业绩蜚然。但常年在家、年迈而又患足疾的朱一乔之妻，一直有想见识一下上海"洋火轮"的夙愿，其子朱怀宗，为满足母亲的心愿，与父亲商量后，按客轮的模样在家乡修建了一座占地4000平方米的住宅，模样酷似"洋火轮"。高高的围墙围屋一圈，是谓"船体"，两边各有一个小门和从墙内伸出的下河

洋船屋

尘封的古山庄
Chenfeng De Gu Shanzhuang

思永堂

思永堂：乾隆朝刑部侍郎朱瑾府邸

正在修缮中的黄田古居

石阶，是谓"舷梯"，宅院内部格局极力模仿客轮，屋的最高处为"梅家村塾"，高出墙头之上，酷似"驾驶舱"，花园为船头，住宅部分为船舱，大院为船尾，船尾正中，开一院门，为进出的大门。院门外左右各对青狮山和白象山，如门神似守卫在大院两旁，凤子河从"船头"分两股绕屋而过，在"船尾"处汇成一股，犹如船在破浪航行。为让母亲能看见这艘"洋火轮"，在离船屋外的山上还有一块巨大的石头，上面还写有"观船石"，登

青山绿水　文化名村
——安徽省宣城市泾县榔桥镇黄田村

高俯瞰，"洋船屋"宛如一艘"洋船"在凤子河里"行驶"着。"洋船屋"现存有16单元，72间房，150多道门楣。整个建筑总体布局、外形塑造、功能安排和细部处理精巧，无不展示了皖南清代建筑的特色。青瓦覆顶，廊道相映，石板铺巷；进到屋内，即使大雨倾盆，人们也可衣不沾雨，鞋不带水地走遍每一个房间。朱怀宗的孝行，受到世人极高称赞，故此宅虽名"笃诚堂"，但乡民则称其为"洋船屋"，一直流传至今，充分体现了中华文化中"孝道"的象征。在"洋船屋"边，还有一组古民居建筑，与"洋船屋"相呼应，它们是由三大进主体建筑和边屋组成的宅院，院门外有用麻石铺设的晒场。远远望去，这组建筑形似候船室，而晒场就像是停靠洋船的码头。

思永堂：清乾隆朝刑部侍郎朱瑾的府邸。这是一组建筑群，中间三座大屋并列，两边各有配屋和边屋数栋，坐北朝南。占地7000多平方米，屋前有大院，大门前有旗杆斗和旗杆夹各4个。大门内凹，内外花砖面墙和望板花砖，花岗岩门坊。屋内有前厅、天井、堂厅和两边正房，再为二进堂厅。

永思巷：位于思永堂左边，此巷深约88步，曲直相通，一边通往旗峰公家庙，为家族议事的重要场所；一边通往培风阁，是朱氏家族藏书授读之处。巷道两边夜间有灯具照明，各巷道出入口内外有值班岗楼。相传漫步此巷，做诗填词，有增加灵感和记忆力之效。朱琦的"小万卷斋"就设在此巷中。思永堂即在巷边。全巷平面功能复杂，各部分相互独立又联系紧密，巷道虽纵横交错，但交通组织井然有序。从现存的一些设施中仍然可见黄田村在建"堂"时所考虑的功能和布局，如巷道"通而不畅"，侧边有路灯龛，横向巷道内、外还设有值夜的岗哨，由此反映出黄田人在建造"堂"时的人性化思想和安全意识。

思慎堂：又名紫盛堂，建于清乾隆年间，坐北朝南，占地面积5750平方米，建筑面积3700平方米，4座并列的正屋均为前有长方

永思巷

思慎堂

形大院,两侧各有一座边屋,构成"四合院"式的庭院。正屋与边屋都是一字前墙,花砖门墙,麻石门坊。还另有"乐善好施"牌坊一座。

旗峰公家庙:又名敦睦堂。建于清乾隆至嘉庆年间,坐北朝南,砖木结构,建筑面积500平方米。花砖门墙,白石门坊,以后依次为大门、门厅、天井、正厅、两厢楼,整个建筑物内的梁柱门窗都施朱红油漆。右边本立堂敞厅,一进三开间,坐北朝南,建筑面积192平方米。大门两侧各有厢房、天井。左边敬修堂,一进五开间,前后两进。建筑面积317平方米,递次为天井、堂厅、正房。

聚星堂:建于清雍正至乾隆初年,坐北朝南,建筑面积为1300平方米。花砖门墙,麻石门坊。门内有门厅、天井、堂厅。堂厅两边各有3间正房,走廊两端还有两个约4平方米的小板楼。门墙内外均为花砖贴面,麻石门坊。门坊内侧上有木板小姐楼,依次为天井、堂厅、正房。

四、儒商文化有机结合的典范

黄田村的文化内涵十分丰富,它是典型的"儒商"文化代表。黄田朱氏是"以商贾兴,以官宦显"的泾县一大望族。清中期村内有书院书舍十所,藏书斋室六处。其中"培风阁"藏书楼藏书三万余卷,"小万卷斋"藏书楼藏书十万余卷。另外还有"松竹轩"、"绍衣堂"、"板桥书屋"、"绿竹山房"等藏书楼。流连之中,眼前似有一幅图画:山

青山绿水　文化名村
——安徽省宣城市泾县榔桥镇黄田村

黄田一景

风阵阵、流水潺潺，绿树成荫。在书香与花香之中，朱氏后人捧卷而读。

在这丛山环抱之中，竟然有着如此浓厚的文化气息的山村，即便今日，也是奇迹！正是重文兴教，才会人才辈出。而反映在古民居建筑风貌上，也处处洋溢着儒家的书卷气息。黄田村古民居群是典型的"儒商"文化的体现。处处遗迹，座座古宅，都是物化了的古代哲学思想、建筑美学的结晶，有着很高的历史价值、科学价值和独特的艺术价值，凸显着它所特有的文化内涵和气息。

夕阳西下，结束了一天的辛勤劳作，树影婆娑中，来到情人潭畔，黄田的年轻人回味着"凤子"姑娘的爱情故事：相传在远古时，黄田村口有位"凤子"姑娘与村后的"黄子"，从小青梅竹马，常在一起玩耍，长大后渐渐产生恋情。因为凤子的聪明、漂亮，被村邻一个财主的猪头儿子看上，财主一日带着一帮家丁，抬着轿子来村里抢凤子姑娘去成亲。凤子姑娘心中早有意中人，坚决不从。当轿子抬到此潭边时，凤子为了心中的黄子，保护自己贞节，不顾一切从轿中纵身跳下深水潭。等黄子打柴回来，得知心爱的凤子被逼跳入深潭，悲痛欲绝，不顾一切跳下深潭，随凤子而去。此举感动了天上神灵，突然天空乌云翻滚、雷鸣电闪、倾盆大雨后，黄子化为村东的黄子山，凤子化为凤子河，长年围绕着黄子山朝夕相处。而财主的猪头儿子，则化为了河中的猪头石，即荣禄大夫第旁的"豕头石"，日日夜夜受凤子河水的冲刷与惩罚。

今日，当地人却以"独占鳌头"之意，附会此"豕头石"，故每当高考之前，常有学子到此祈愿，以期高中

人间仙境　桃花潭畔
——安徽省宣城市泾县桃花潭镇

桃花潭畔的黛瓦白墙

人间仙境　桃花潭畔
——安徽省宣城市泾县桃花潭镇

钟灵毓秀的皖南山乡，曾被国际人士誉为"中国乡村里的图画，中国图画里的乡村"。在这神奇的土地上，有一个令人心旷神怡、流连忘返的小镇——桃花潭镇。

桃花潭所在陈村镇，在明朝初建的时候叫作南阳镇。这里物华天宝，人杰地灵。近年为了发展旅游业，才更名为桃花潭镇。镇内有保存最完整的皖南古民居群，计有明清建

桃花潭渡船码头

桃花潭一景

镇内街景

筑 700 余处。

桃花潭在皖南泾县的西南一角，距南边的黄山风景区和西边的九华山风景区都很近。县志《桃花潭记》称"层岩衍曲，回湍清深"，"清泠皎洁，烟波无际"。史料记载，桃花潭沿岸数十里，原本桃花缤纷，绝无杂树，因名桃花潭。

此潭是与青弋江相连的一个深潭。唐以前叫观鱼潭，更名的原因说法不一，但主要说法有两种：一说是，该潭周围的山水美不胜收，又地处幽深之所，昔人常见澄泓苍霭，如入武陵源，故名之；另一说是，此潭附近数十里桃林夹岸，无杂树，李白来后即景生情，遂命此名。

一、李白与汪伦的故事

"李白乘舟将欲行，忽闻岸上踏歌声。桃

人间仙境 桃花潭畔
——安徽省宣城市泾县桃花潭镇

桃花潭风景

花潭水深千尺，不及汪伦送我情！"因了这首千古绝唱，又在泾县方志办女主任的极力推崇下，我们在一个桃花盛开的春日，沿着遍植桃花的青弋江，驱车来到了日思夜想的桃花潭，既饱览美景，又听到了流传千年之久的美丽传说。

公元755年（唐天宝十三年），桃花潭人汪伦，得知李白游历到了宣州，因此给他写了一封信。信里说："先生好游乎？此地有十里桃花；先生好饮乎？此地有万家酒店。"率性的李白欣然应邀来到桃花潭，一没见到"十里桃花"之景（"十里桃花"乃桃花渡），二没看见酒店万家之市（"万家酒店"实指店主姓万），但是汪伦的热情让他高兴地留下了。李白被桃花潭及周边的自然美景所吸引、陶醉，也被汪伦的真情打动，遂为知己，相聚数月而不归，留下了数十首描写桃花潭景区自然风光，及赞颂与汪伦友谊的不朽诗篇。其中"赠汪伦"传颂至今，也使桃花潭扬名于世。李白一生游历的名山大川很多，但像这样集中吟哦一地的诗篇达数十首之多的情况极为罕见。

关于汪伦的身份，有多种说法：有人说他是"桃花潭村人"，是"李白在泾县桃花潭附近村庄结识的一个朋友"。王琦、杨齐贤及上海古籍出版社出版的《唐诗一百首》的注本都采取这一说法。有的人则把他说成是"一个隐士"；还有的人把他说成是下层百姓。从李白的《题泾川汪伦别业二章》中，我们对汪伦的身份、生活条件可以有个大致的

汪伦墓

人间仙境　桃花潭畔
——安徽省宣城市泾县桃花潭镇

李白与汪伦

了解：汪伦的庄园是在山南，面山而居，依山起馆，园内还有池台，很是清幽（"汪生面北阜，池馆清且幽"，"随山起馆宇，凿石营池台"）；园内种有石榴，池内植有荷花（"数枝石榴发，一丈荷花开"）。他对远道而来的贵客李白招待也很热情，宴席也很豪奢，不但有美酒珍肴，还有歌舞佐酒，而且是通宵达旦（"我来感意气，槌熙列珍肴"，"永夜达五更，吴俞欠送琼杯。酒酣欲起舞，四座歌相催"）。从上述诗句所描述的情况来看，汪伦既非隐士，亦非下层平民，而是乡村中较为富有的一个绅士。但从汪伦墓的格局看，更像一位仕宦之人。

从李白的诗里，我们认识了十里桃花，认识了万家酒店；进而它带我们去寻找经千年风霜而犹存于世的"扶风会馆"、"义门"、"翟店街"、"汪伦墓"和"太白祠"遗址。如今岗上遍植桃花，我们在南坡向阳处看到了汪伦墓，墓碑普通，墓葬简朴，但在我们的心中，却是相当的厚重。汪伦墓原来在桃花潭上游，后来由于修建陈村水库而迁移到了

万家酒店遗址

踏歌岸阁前码头

现在的彩虹岗。

　　这些遗址都在桃花潭畔。隔潭相望，淡淡的雾色中，一栋古色古香的阁楼式建筑的过街楼额上，刻着"踏歌古岸"四个大字。河边的青草滩上，书有"桃花潭"几个大字的一块巨碑映入眼帘。我们现在已经站在踏歌古岸的对面了。

　　恍如一梦，眼前的景象真如古诗所言：人面不知何处去，桃花依旧笑春风。千年之前那位身着长衫迎风而立的诗仙一手挥毫，一手持杯，唱乡歌，踏乡舞，在岸边与汪伦作别。这一幅已过千年的友情场面，仿佛在我们的脑海中又一次清晰地浮现，那歌舞之声还依稀回荡在桃花潭的上空。

二、仙境般的桃花潭

　　清晨，桃花潭畔的景色恰如一篇美文所述：古藤盘曲，烟雾缭绕，朝阳夕晕，山光水色，尤显旖旎。驾一叶扁舟泛游其上，一篙新绿，微波涟漪，足见"千尺潭光九里烟，桃花如雨柳如绵"。潭东岸，有东园古渡，系汪伦踏歌送别李白处，有明朝建踏歌古岸；

人间仙境　桃花潭畔
——安徽省宣城市泾县桃花潭镇

桃花潭码头

西岸有垒玉墩、书板石、彩虹岗、谪仙楼、钓隐台、怀仙阁、汪伦墓等景点。下游东岸有建于乾隆年间的文昌阁。阁重檐飞角，方圆八面，气宇轩昂，昔为文人兴会之所，游人登临极目之。

现在的桃花潭，周围江水清澈见底，游鱼细石，历历可见。潭的西侧是两座相连的山冈，两座山冈都是由页岩层组成，山体不高，灌木丛生，垒玉墩上有桃数株，灼灼其华，倒映在深得发蓝的潭水中，灿然若火。山冈临江的一面，岩石裸露，千姿百态，很为壮观。据当地人介绍，在彩虹岗和踏歌楼之间，雨后初霁，常有彩虹横跨碧潭之上，很富有神奇色彩。

桃花潭自南流北，水东姓翟，水西姓万。现在的潭中，不见一叶扁舟泛游其上，也无艄公。只见岸边渡口，一艘可容十数人的电动船，手握方向盘的渡工正在待客，早已少了那份情趣。在发动机的轰鸣声中，过得潭来，临渡口有一奇特的建筑，叫"踏歌古岸"，阁两层，跨街而建。上得阁来，极目远眺，正是水东的临江山冈。

穿阁而过，但见"梦潭轩"。庭院不大，由数间平房四合而成，粉墙黛瓦，古色古香；又有几枝翠竹，摇绿其间，倍添了许多清雅。这小院原来是"踏歌古岸"等省级文物保护单位，又是镇文化馆，馆内陈列着李白游皖南、汪伦相送、后世文人题咏等有关历史文物资料，墙边还有数块石碑，有一块刻着"汪伦府邸"的字样，不知真伪。闻名皖

梦潭轩正门　　　　　　　　　　　　　　　　　　　　　博物馆内展品

南的三雕——石雕、砖雕、木雕建造的"扶风会馆"，被中国会馆专家称为"中国会馆鼻祖"。

出馆，进入一条古巷。巷子笔直而狭长，地下铺着青石板和鹅卵石，两旁是清一色的经过修复的徽派建筑。一些村民打开了门户，摆起了古董摊。有些建筑正在大修，走近一问才知是外地人购买，准备作休闲度假用。带有历史痕迹的各种文物，让我们了解了这所镇子的过往。

三、规模庞大的古建筑群

桃花潭文化底蕴久远，留下了一大批丰富的文化遗产，保留了规模庞大密集的古建筑群，古街、祠、阁、塔，遍及整个景区，画龙雕凤的古民居现保存一百多幢，其中最突出的是被中国高级古建筑专家罗哲文题名为"中华第一祠"的翟氏宗祠。

翟氏宗祠：占地面积、建筑风格和特色，都超过了省内外一些大宗祠，仅历代帝王将相署名的赠匾就有100多块，这在国内也不多见。

在村民的指引下，我们来到翟氏宗族的祭祀之所。据记载，翟氏宗族明清两代，共有十五人荣登进士，举人上百，秀才上千。据村民介绍，明万历年间，翟氏家族出了一名叫

人间仙境　桃花潭畔
——安徽省宣城市泾县桃花潭镇

金黄色的油菜花，簇拥着翟氏宗祠

翟国儒的文武状元，被明万历皇帝封为镇抚大将军，并特赐"忠孝堂"匾一块，民间修祠堂作为纪念。"忠孝堂"前后三进，占地千亩，建筑材料均为楠木，汉白玉石，其石雕和木雕世所罕见。

宗祠左右有10多间偏房供议事、看管使用。祠中曾藏有历代帝王将相、地方官吏所赐名匾108块，大门上有"江南名族"横匾，享堂中悬"忠孝堂"三字红底金字木匾。据工作人员相告，为保护这批文物，"文革"中，一位老者冒着风险将名匾收藏深埋地下，今天才得以重见天日。

翟氏宗祠在兴建过程中留下许多动人的故事。传说，祠堂大梁老架不起来，当时来了一位老头乞丐，向工匠们讨饭，大家不给还要赶他走，有一小工匠见老头可怜，偷偷给了一点吃的。老头见小工匠心地善良，给了他一把斧头，并告诉小工匠，将来遇到难事东敲三下西敲三下，难事就会迎刃而解。大梁老架不起来，小工匠急了就想试一试，可他师傅说："连我都架不起来你还能行？"小工匠坚持要试，师傅只好由着他。小工匠把榫头对准一头按乞丐老头说的东敲了三下，这边对上了，然后把榫头对准另一头西敲了三下，那边同样也对了起来，就这样大梁终于架上了。后人传说那乞丐老头是鲁班再现。

1997年，时任国家文物局副局长的罗哲文先生来泾县考察时，赞叹翟氏宗祠为"中华第一祠"，并欣然题写了匾额。翟氏宗祠

翟氏宗祠侧面景

翟氏大祠堂

的介绍节目曾多次被中央及省级电视台播放，安徽省人民政府于1998年5月将其确定为省级文物保护单位。2003年又对宗祠进行了全面修复。

沧桑岁月，经年流月。不知不觉中，翟氏宗祠已经历了400多年的风雨。

文昌阁：建于清乾隆二十三年，共三层、八角。一至三层分别高悬"盛世文明"、"文光射斗"、"共登云梯"匾额，是昔日翟氏宗族文武理学的丰碑，由于造型秀丽典雅，也是著名的景观之一。此外，诸如怀仙阁、万姓义门、鞑子楼、抚风会馆、司马第等古建筑也都有着十分重要的历史意义和研究

祠内牌匾

人间仙境　桃花潭畔
——安徽省宣城市泾县桃花潭镇

祠内牌匾

价值。

流连于桃花潭两岸，如临仙境。记得一位新加坡友人曾评价"桃花潭的自然景观和人文景观简直是一座天然的艺术馆"。国际旅游组织专家恩莱特来景区考察后也欣然挥笔题词："桃花潭一天胜似天堂一年"。

忆往昔，桃花潭畔诗仙挥毫赞池水，看今朝，黄山脚下一代新锐谱新章。今天，我们欣喜地看到，在这方仙境中，当地政府致力于打造皖南地区乃至全国知名的文化旅游景区、文化艺术产业基地。项目一期文化艺术中心占地面积约145亩，总占地面积为9.7万平方米，总建筑面积为28960平方米，投资额近1.2亿元。规划建设中国美协创作展览中心、中央文史馆学术研究中心、宋雨桂水墨艺术馆、冯骥才民间文史研究馆、韩美林艺术工作室、安徽中国画研究院、著名画家村馆舍及配套的五星级度假酒店项目，并组建运作中国文化艺术高峰论坛。艺术中心建成后，将成为当代艺术名家、书画界人士交流、教学、研习、创作、展示的最佳去处。

祠堂内，石雕与木雕有机地融合为一体

桃花潭畔一景

千松万竹　通灵古秀
——安徽省黄山市绩溪县灵山村

千松万竹　通灵古秀
——安徽省黄山市绩溪县灵山村

闻名当地的灵山水街

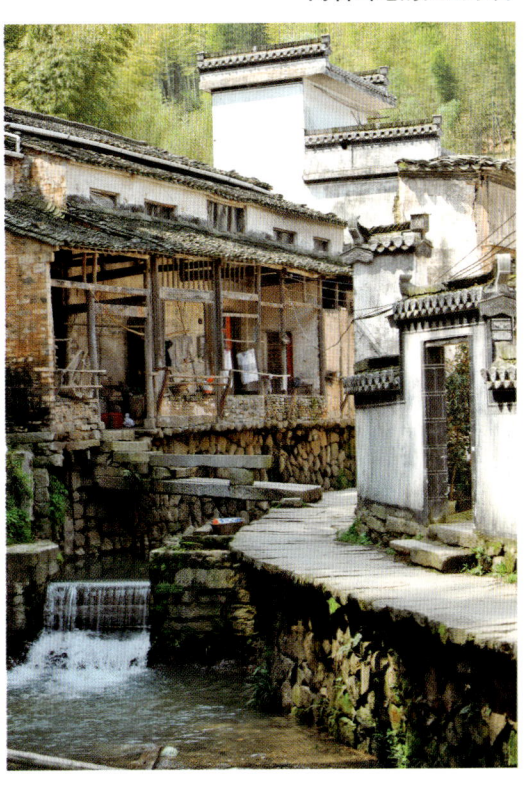

灵山古村位于安徽省黄山市绩溪县，相传古时其方圆十里盛产灵芝香草，村外山上设灵坛，且岩石多外露，由此得名"灵岩"。后因土人敬崇"太阳"，改"灵岩"为"灵阳"。唐代佛教盛行，村民仰慕佛教发源地——印度"灵鹫山"，欲借"西天灵山"之灵气，庇荫万民，又改"灵阳"为"灵山"至今。

灵山古村以方姓为主，传说有二：一传灵山始祖为上古轩辕黄帝的左丞相、方山侯方雷，故灵山方氏祠堂内曾悬挂方雷之像，亦称雷祖像。二传东汉名臣汉黟侯方储之三十三世孙方杰兴，于后唐长兴元年，为避五季之乱，举家迁居灵山，日后方姓宗族

日渐繁衍兴盛。方氏族人尚文重教，后裔仕、儒、商并举，名人辈出。

灵山古村自然环境秀美，村落构建别具一格，人杰地灵，文化底蕴极深，有"千年文化古村"之誉。

一、群山环抱，一水贯村

灵山古村位于安徽黄山南麓灵金山、丰山之间，灵金河（有说古称"丰溪"）贯村而过，划为南北。与灵金河比肩并行、横贯全村之干道，即远近闻名的青石板路"灵山水街"。街伴水行，两岸民居错落，街北民居坐北向南，街南则坐南向北，遥相互对。金灵河上有大小各色石桥三十六座，风格迥异。山水街居，四者构成浙皖山区典型的山居风

千松万竹　通灵古秀
——安徽省黄山市绩溪县灵山村

貌：群山环抱，街水并行，横贯全村，石桥越水，民居互对，井然有序。

村外山坡，梯田层叠，鳞次栉比。春暖时节，油菜花开，漫山遍野，层层舒展，大块如金色绸缎，狭长似黄色绢带，山风习习，绸缎飘逸，绢带飞舞，美不胜收。灵山古村的盆地、梯田、山村、竹海、山林，梯次分布，错落有序，使山、水、田、路、村，五者有机组合，宛如一幅瑰丽的卷轴。

古人建村聚居，极重"水口"建造。所谓"水口"，即全村水源入口，为浙皖村落建设之重要设施。当地人认为，"水口"不仅关乎全村水源之渗入、丰盈，更为村民运程兴旺发达之凭藉。他们认为"水"即财富之气，为了留住财气，在选中的水口位置上，以桥为"关锁"，辅以亭、堤、塘、树等镇物，以期锁住财气，交好运程。

灵山古村水口处，建有天尊阁、五福庙、文昌阁、灵阳桥，并有一苦丁茶树。水道穿过水口，呈"S"形流淌，弯曲有致，如此设计，既增加了水流速度和气势，又附会了水流不断、财源滚滚，成"曲水锁财"之态，以保"肥水不外流，钱财不外走"。水口之设，

灵山村外油菜田

灵山村的水口

从环保角度看，确对植被绿化、稼穑民生、生态环境，有着极其重要的意义。

尽管村民有各种说法或附会，但灵山古村的生态环境，确是山区村民最理想最适宜的生活生产环境：灵金山、丰山挡住冬天的寒流和北风，使山坳里的民居、坡田、梯田、林场能有适宜之气温；山上汩汩而下的溪水，保证了生活和农作之水源，无论是野生动物或山珍果蔬，还是地里各种庄稼，都能在这里和谐生长，形成富饶的山居生活资源，这是浙皖山区村民得以聚居繁衍的基本生存条件，也是灵山古村绵延千年的真谛所在。

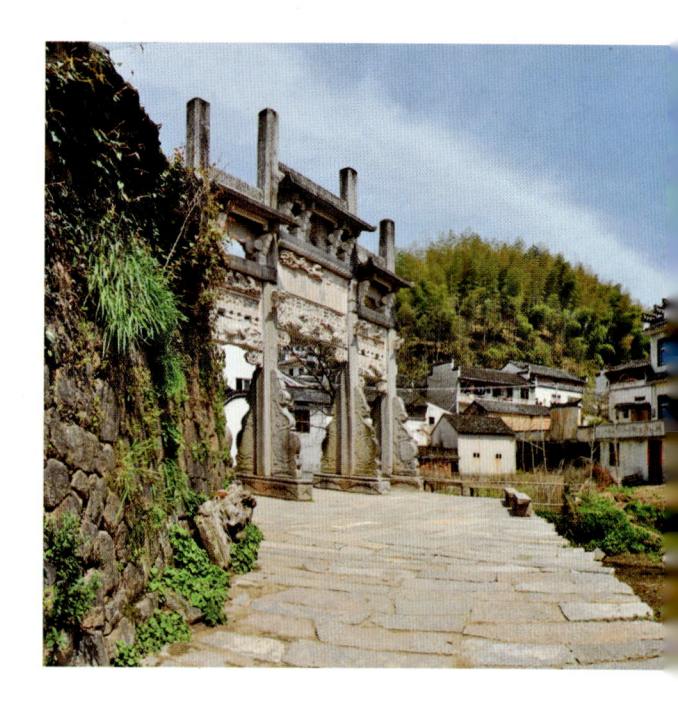

二、名胜古迹

天尊阁：天尊阁又称"雷祖庙"，系明代洪武年间灵山村乡绅方圣安、方圣平、方圣功兄弟三人共建。阁建水口灵阳桥旁，又称"水口庙"。相传天尊阁曾气势宏伟，雕梁画栋，飞檐翘角。阁内彩绘天棚，图案精致、色彩鲜艳。现今殿内立柱，仍留当年所刻楹联，字迹依稀可见，上联"钟声半逐前溪去，山色都随彼岸来"，下联"殿阁钟山川灵秀，水声喷谷口澄鲜"，聊聊数语，将灵山古村

建于水口之上的"镇物"——
灵阳桥、文昌阁

千松万竹　通灵古秀
——安徽省黄山市绩溪县灵山村

自左至右：翰苑坊、五福庙、天尊阁、文昌阁

秀丽山水、人文景观、憧憬期许，溢满字间。惟叹此阁，经久失修，飞檐垂落，窗门凋零，砖随雨落，瓦跟云去，当年雄姿，只能想见。

与天尊阁相伴为伍，左为五福庙，右为文昌阁，现虽破旧，仍显当年英姿。从其布局可知，三座古迹所占之地，必为当年灵山古村文化中心，年节庙祝，香火缭绕，士绅乡民，络绎不绝，祈福还愿，不亦乐乎。五福庙后长有一树龄500余年的苦丁茶树，看似皮烂心枯，然长势甚茂，传说是皇帝恩赐树种的"御树"。

翰苑坊：与五福庙、天尊阁、文昌阁隔水相对，有一座高大古朴的"翰苑坊"，为明武宗御批恩赐，建于明朝正德六年（1511），牌坊最高处竖雕"恩荣"，中间横刻"翰苑"，楷书字体，端庄苍劲，浑然有力。

天尊阁（雷祖庙）

五福庙

牌坊之柱梁，选材粗麻花岗岩，因其坚硬难损；而刻花纹图之花板，则用红页、白麻二石，虽缘其酥松易雕，但不经风雨侵蚀，图案文字，多有剥落，残缺不全。整座石坊因用料不同，其颜色与风化程度亦为不一，本已难保养，再加经年失修，更显苍老凋零。牌坊上有一块花板掉落，本因原物补上，不知何故，却以白色石灰岩替补，原物弃之路边，令人费解。

关于"翰苑坊"还有一说，认为该坊为明武宗御批恩准，为灵山函安公、函中公、函功公三房夫人建造牌坊，由方杰兴十九世孙方杰遵旨建造于正德六年。此说似有疑处，皇帝为诰命夫人御批建坊，古史多有记载，但坊名不太可能用"翰苑"二字，此名更适名士、大儒之坊；又且一般不会三人合建一坊。此说虽有疑惑，但亦为坊间一说，不妨留此为存。

翰苑坊

千松万竹　通灵古秀
——安徽省黄山市绩溪县灵山村

灵山水街两边，均为石板路，采用大小不一的长条石板铺成，长约三华里。青石板有的紧贴地皮，有的却两头落地，中间架空，虚实相间。此因村里土地有限，故悬空铺就，开拓路面，方便行走。从村里任何一小巷走出，都与水街交接，并各有一层一层下到灵金河的悬空石，这些石头之所以悬空，一从力学考虑，涨水时可以减小阻力，二亦因土地资源短缺所逼。如此建造，既方便村民取水、浣洗，又显错落有致之效，终成灵山水街一景。

水街两岸，多为民居，虽以徽派建筑为主，但也不尽相同，繁简有兼，奢陋混杂，距今多则五六百年之久，少则一二百年，因长年失修，大多破损，然其终为徽官、徽儒、徽商的孕育之地，纵然如今柴草满厅

堂，蛛网封门窗，仍遮掩不住往日之尊荣与显赫。

三、人物故事

自古以来，灵山人就非常重视文化教育，子女从小读书诵经，成人之后，到山外为宦经商，当地民谣"灵山水街十八弯，代代有做官"，说的就是灵山文运昌盛，人才辈出。明代中后期，灵山人为官、为儒、为贾，盛极一时。

灵山古村隐于深山，竟与明朝两位相国，先后有缘。

开国丞相李善长：布衣出身，辅佐明太祖朱元璋建立大明帝国，为开国功臣，朱元璋常"制词比之萧何，褒称甚至"，尊为明朝首位相国。李善长早年曾在村后灵金山之"石山精舍馆"读书，遗址至今尚存。灵金山寺旁，李善长当年曾捐建"报德庵"，其庵今虽倾圮，但其遗匾，亦残存于旧址。

网上摘录的李善长画像

三朝元老许国：历明代嘉靖、隆庆、万历三朝，官至礼部尚书兼东阁大学士，荣登相国之位，号称三朝元老。许国为官清廉，史评"许国在阁九年，廉慎自守，故累遭攻击，不能被以污名"。灵金山上曾有灵金山寺，唐天祐二年敕建，毁于清末战乱。许国未出仕前，曾在灵金山寺开馆授徒，说是得到灵金山之"灵气"，实为许国教授有方，其弟子中，多有科举入仕者，传说最为称道的是，曾有"一榜十九进士"之美誉，故其门生曾为之立八脚石坊以敬之。

此二人虽非方氏族人，但在未显之时，既与灵金山有缘，又都以布衣而显贵于世。故当地人褒誉二人，一则欲以二相国之名，抬本村之价；二则更以二人之经历，勉励子孙后代，若能穷经皓首，经世济民，无论出身，终会出将入相，贵为人杰。

网上摘录的许国画像

千松万竹　通灵古秀
——安徽省黄山市绩溪县灵山村

方氏宗祠

灵山方氏，曾有祠堂八座，可见其盛。现存村中之方氏宗祠，建于明代弘治年间。方氏名士方杰、方信叔侄，曾托请在灵金山寺坐馆之三朝元老、相国许国，为方氏宗祠题名，并蒙皇帝口谕，钦赐"名世堂"堂名。故宗祠大殿上"名世堂"匾额上方，还有一块"恩荣"竖匾。正在如此熏陶和激励之下，灵山方氏之后，多有显宦、名人。

翰林学士方英：至今耸立在灵金河畔，与五福庙、天尊阁、文昌阁隔水相对的"翰苑坊"，其坊主何人，多有说法，但据年代考证：翰苑坊建于明朝正德六年，方英此时正在武宗朝为大理寺右评事，而方英一生经历、政绩，均与翰林院为伍，此坊似应为方英而建，且坊名"翰苑"，正与方英经历相吻。

方英于明孝宗弘治十五年四月，由举人擢为翰林院中书舍人，此后其官虽有升迁，但毕其一生，均为从事文字撰写之史官，宦期历经明代弘治、正德、嘉靖三朝，参与《大明会典》《通鉴纂要》《明武宗实录》《皇考恭穆献皇帝实录》等官方史籍撰写。如此经历，非但荣耀无比，亦为文官晋升之捷径，

方英多次升迁，即以为此：《大明会典》书成，他由举人擢升中书舍人，《通鉴纂要》书成，再至大理寺右评事、尚宝司少卿，且多次加俸。还因其造诣所至，恩准参与朝廷最高学术讲堂——经筵，负责"讲章并起止"，这在当时，乃朝廷文官极大荣誉与显赫身价之重要标志。有研究称，方英还精通缅甸文，曾于弘治三年（1490）在"四夷馆"任教，专授缅文。（"经筵"，即由学识渊博之大学士、学士，为皇帝、皇子、重臣们讲解传统经史子集的专门机构。"讲章"，即为皇帝专讲古代经籍中某一章节之"日讲官"；"起止"，则为记录皇帝每天从早到晚言行举止《起居注》之史官。"四夷馆"为明清两代专门从事翻译和教授外族、外国语言之机构。）

作为史官，有获皇帝恩赐、加官晋爵之荣耀，更有为些许微错而遭罪罚之风险，可见朝廷文官除具为文精准之素质，更有承担罪罚贬谪之风险：《大明会典》书成，皇帝对参与人员多有赏赐，方英被擢升为中书舍人；《明武宗实录》书成，皇帝"雨露遍洒"，方英受赐"白金五十两、文绮二、表里罗衣一袭，加从四品阶俸"，可谓荣耀。但《通鉴纂要》书成，呈正德皇帝御审，因书中"有一、二纸装潢颠倒"，则遍罚参撰人员，五十多人无一幸免，其中最重的被削官夺职，方英则被"罚俸三月"，可见时之"赏罚分明"。

明代著名医者方有执：生卒年月无考，传说中称其为明代著名医生，但其留存史籍所载，似以医学理论为著，悬壶行医之迹却无记载。《钦定续文献通考·卷一百八十四·经籍考·子·医家》中记：方有执，字中行，歙县人。著有《伤寒论条辨》八卷本一部，此外还著《草钞》一卷、《或问》一卷、《痉书》一卷，故认其为医学理论者，必无误。然古时大多读经著述者，亦能把脉问诊，故传说其为医生，亦为可信。

千松万竹　通灵古秀
——安徽省黄山市绩溪县灵山村

方有执自谓其天性鲁钝，"愚于儒且惮不能"，初亦未学医，中年时因两番风寒丧妻，五次以惊风殇子，故发愤学医，于伤寒诊治尤有心得。其主要学说与成就，为"错简重订论"及"风寒中伤营卫说"，见解独具，把"风寒中伤营卫说"提到病理基础来认识，将其归纳为风伤卫、寒伤营、风伤两感营卫俱伤三种，深刻揭示其发病、传病与转归的规律，乃对张仲景之说的继承与发挥。

对方有执在《伤寒论条辨》中的不少论述，时有争论，毁誉不一。如清代名医喻昌认为：方有执之论，"得尊经之旨"，而自己"重为编订，其渊源虽出方氏，要多自抒所见"。但同代名医柯琴，则反讥"方有执、喻昌等，各以己意更定，有背仲景之旨"，故其著书，"汇集六经诸论，各以类从"，并在《自序》中曰"自来注家，不将全书始终理会，先后合参，随文敷衍，彼此矛盾，黑白不分"之语，即暗指方有执、喻昌所为。

这些争论，当属医学理论之探索、研究之列，能自成一派，各为曲直即可，今亦然之，更可知学术争论、百家争鸣，古已有之，渊源流长。

"新安名士"方晞原：方晞原为"明清文学理论"中"反古流派"代表人之一，也是当时著名"新安三士"之一。所谓"反古"，有三意：一为追祭祖先，"教民反古复始，不忘其所由生也"，宋代大儒孔颖达所谓"追而祭之，是反古也"；二是复古，清代学者刘大櫆在其所著《方晞原时文·序》中说道："晞原志在反古，独从余相为劘切，遵唐归之遗

轨，而不惑于世俗之趋尚"，如此评价，可见时人对方晞原之敬崇（以上二意中，"反"当为"返"解）；三是违反古制，《商君书·更法》中说："反古者未必可非，循礼者未足多也"，即为其意。

方英、方有执、方晞原三人，均为灵山古村方氏后裔，故当地人数说本村名人时，总津津乐道于此，只因他们不仅为中华传统文化中载誉之人，也是灵山古村之骄傲与荣誉，更蕴含着灵山今人对后代无比深切的希冀和期望。

四、民俗风情

每年的雷祖庙会，是灵山历史最悠久、最兴旺的盛会。据许承尧著《歙事闲谭》卷十六《灵山雷祖》引戴莲花《鹂岭轩质言》卷四云："徽州歙县灵山，供雷祖极灵。每年六月二十四日，焚香者络绎于道，山顶村民百余家，皆好善布施，客民食宿不取值，家中置茶具，人饮不禁。有窃物者，辄自扑，不能挟以遁也。对山有高冈顶，横竹筒长尺许，空洞无物。是日，自出卷轴，悬筒末，金身朱喙，宛然神容。愚民瞻仰以万计，拜跪尊容，至一时许乃没。同治中，发逆扰徽属，僧夜梦神语云：'乱人且至，盍埋我山冈下，深三尺，当免劫。'僧惊寐，如神指，己亦避乱山中。未几，贼大至，寺院焚毁殆尽，闻灵山异，掘之，甫及尺，霹雳出地中，掘者尽仆，筒飞去，入黄山不见。逾年贼平，僧始归，又梦神语曰：'我在黄山某冈下，今事靖，可迎我归也。'众具卤簿往觅，筒果在，迎之归，至今灵如故。"许承尧按："今灵山雷祖如昔，每年六月二十四日，邻近村落皆素食，往拜神者塞途……"

灵山雷祖庙会，又称"水口庙会"，同时也是灵山土特产品交易的一次盛会。庙会之前，灵山村以及附近诸村之民，早早将当地及自家各色特产准备就绪；庙会之日，天不亮就赶往庙会，鸡鸣拂晓，人声随着太阳的升起，渐为嘈杂、热闹。大人小孩、男女老少，满怀喜悦急切之情，穿梭于庙会集市，相互交换、挑选着各自需要的物品。雷祖庙会是当地每年必办的一个重要节庆，最兴盛时，连附近县城都有人趁兴而至，接踵摩肩，日暮将至，仍意犹未尽，流连忘返。

千松万竹　通灵古秀
——安徽省黄山市绩溪县灵山村

灵山方氏外出经商者，主要集中在武汉，据说当年汉口某街市，有"方氏半条街"之称，可见其况空前。他们主营盐业、布庄、南北货等商品。至清末民初，灵山商贾之足迹，已涉及江浙及沪上。

灵山四周，山竹环绕，竹海茫茫，横无际涯，此乃远近闻名的"灵山竹海"。灵山人对竹子有着浓厚的情愫，户户皆有编竹之能人，所织竹篮、斗笠、簸箕、筐子等精美竹器，为当地一绝"灵山竹器"。灵山所出大米，每年须精选进贡，因皇帝喜食，誉为"灵山贡米"。此大米因长于山区，日照时间短、温差大、生长期长，故米粒质软柔糯，煮成米饭，更是散发出淡淡清香，令人食欲大增。

灵金河上有桥三十六座，相传当年丞相许国，曾在皇帝御前述说灵山之富有与秀丽，写下诗句："两岸店铺一街楼，三十六桥不出村。十里海棠五里桂，万杆翠竹千株松。"此诗前两句写灵山之富有和人文景观，后两句写灵山的秀丽景色，"灵山三十六桥"之称，也因此得名。

碑坊屹立　古宅幽幽
——安徽省黄山市绩溪县浩寨乡冯村

冯村，隶属安徽省黄山市绩溪县浩寨乡，乃群山中一古老山村。传为唐朝咸通六年，歙州刺史长子冯延普酷爱此地山清水秀，举家迁此，以姓名村，筑室定居，繁衍后代。

冯氏后裔崇文尚武，承继儒学传统，无论金榜题名，还是登庙堂之高、处山河之远，大有其人。据清嘉庆《绩溪县志》载：南宋咸淳年间，就有数人登科及第。延至明代，更是名人迭出，列入科第行列五人，四文一武；出将入相十四人。至清代，更有近十人进士及第，悉为"天子门生"（古代进士会试最后一关，乃由皇帝出题，殿试策论，故有是称）。故而冯村先后曾御赐建坊五座，惜今仅存其二。1989年5月，冯村被安徽省政府列为省级文物保护单位。著名建筑大师郑孝燮，曾亲临冯村考察，对冯村文化遗存给予极高评价，并赋诗一首："云横苍岭抱冯村，曲岸水街白屋群。秀色大成凝固乐，画游烟雨亦消魂。"以抒情怀。

冯村历来有"一美、二多、三绝"之美誉。

一美：景色秀美

冯村地处黄山东麓，群山环抱，山川如画，槐溪河从冯村中心蜿蜒流过，村街傍溪并行，横贯全村，诸桥跨水而过，两岸

陈村的古山庄
Chenfeng De Gu Shanzhuang

冯村水街

碑坊屹立　古宅幽幽
——安徽省黄山市绩溪县浩寨乡冯村

民宅，错落有致，终成浙皖山区村落建设之典型。

冯村选址建村，极具特色，颇多讲究，饱含先民期盼福祉无限之美好祈愿，一水中穿，为村民、牲畜，引来无尽生命之水。村口两旁，左有狮山，右为象山，成"狮象把门"之态。村后水口两边，左龟右蛇二山，互为夹踞，为"龟蛇锁关"之势。狮象龟蛇，镇福消灾，东南西北，四隅钟灵，人居其中，宁静安详，福寿双全。

无论当年选址建村，曾附会多少神灵、想象，但如此环境，不仅风景优美，更使此地气候温度、寒暑雨雪、润燥适宜，相得益彰，乃极佳生态环境，使人畜两旺，安然和谐，亦为绵绵群山之中，古村得以繁衍千年之奥秘所在。所谓生态环境、环保理念，非但古已有之，且更为讲究，决非今日常成置若罔闻之态。

二多：府邸古宅多，各种牌坊多

冯村名门府邸之多，郡县闻名，既有皇帝钦赐御名之官宦府邸，亦有乡绅精心建造的深宅大院，二者构成了精雕细琢、古典高雅、气宇轩昂的浙皖古代山居之大成。

冯村曾建皇赐府邸八幢，依次排列在槐溪河岸：大树第、协政第、刺史第、旌封第、州牧第、五马第、进士第、州司马。

大树第：传说明代宦官、冯氏后裔冯某，取先祖冯异封号"大树将军"而建此宅。冯异，字公孙，东汉时人，为东汉开国名将，乃"云台二十八将"之一，曾任征西大将军，平定关中，功勋卓著，连年征战，殁于军中。冯异为人谦逊，不善言语，更不爱自诩功劳。东汉开国皇帝刘秀，常在征战之余，与诸将一起聚众聊天，话题多为讲述历次战况，故不乏将领们相互吹捧，自吹自擂，

冯村村口"狮象把门"之景：左为狮山，右为象山

"大树将军"冯异之像(网上下载)

评功摆好。每当此时,冯异总默然独坐大树之下,无语静听。于是,将士们给他起了"大树将军"雅号,刘秀也就顺势赐其"大树将军"之封。此号沿用后世,成为对那些不居功自傲将领之美誉。冯氏祠堂曾有一副对联:"大汉将军第,兄弟翰林;皇明□马家,钦点主事",说的就是"大树第"之来历。民国二十三年,村中"云庄小学"五周年庆典时,曾印行纪念书刊,其中县城知名人士胡运中题联,有"此地宗支承大树第"之句,更印证"大树第"之由来。因年久失修,数年前,大树第轰然倾圮,仅留废墟一片。

新近倒塌的大树将军冯异后裔之故居——大树第

碑坊屹立　古宅幽幽
——安徽省黄山市绩溪县浩寨乡冯村

刺史第：坐北朝南，硬山屋顶，开间、进深各五。大门两旁有抱鼓石、荷花柱；垂带板上镌刻如意花卉；大门外框用水磨青砖砌筑成二柱单间三层门楼，匾额中书以"刺史第"三字，四边盘以龙凤纹；门楼的梁枋间有砖雕装饰，极为精美；抬梁式的木构架，豪华气派，拱轩、人字轩，相互增辉；撑拱、驼峰、雀替、平盘斗等构件，均有雕刻，内容丰富，技艺精湛，显现徽派建筑之艺术魅力、文化底蕴。

刺史第

州牧第：此宅门眉有砖刻"州牧第"之题名，今已依稀，为明代遗存。府邸分前、后两进，中为天井，均为花岗岩磨石辅成，四周筑有暗沟流水。其规模风格，不同一般府邸之处，为前进比后进地高三尺，各由天井两头台阶相连，如此建筑风格，当地少见。前进中为厅堂，旁设房舍；后进为两厢，设有小房。厅堂为专接待官场政要、知交贵客、红白喜事之用，也是知己故交，赋诗吟诵、抚琴作画，及休闲专用，故旁依房舍内，多有字画、古典家具、装饰品等摆设。可见当年宅主至尊威严与优雅情趣，确为此宅独到之处。

司马第：进士冯璿府邸，其官至兵部车驾司主事司马，因忠于职守，政绩显赫，皇帝特赐予"司马第"之名。冯璿字时鸣，号主一。由邑痒生于成化十年乡试中举，成化十四

州牧第

旌封第

年荣登进士榜，派任福州推官。在任期间，抚安良善，兴利革弊，为政清廉，擢兵部车驾司主事。弘治二年谢政归里，居家三十余载，终年八十一岁。据载：冯瑢奉公廉洁，曾奉命主持购置马匹，精打细算，多有节余，如数归还府库，深得赞誉。因父母年高体弱，冯瑢乞准回乡尽孝，居家期间，延学教授，造福乡里，虽朝廷多次召遣，均婉言辞谢。此后村人冯德望、冯尚志、冯科、冯哲等，身居官宦，均以冯瑢为楷模，克己奉公，政闻名传，为冯氏家族争得殊荣。

旌封第：为明代官宦冯子恭奉敕兴建，相传前厅门楼曾有"恩荣"、"旌封第"之砖制牌坊，也叫砖牌坊，虽未见明确的文字记述，然明朝正德五年，时任广西柳州卫知事永四公（冯瑢次子），撰《哭暕兄辞》中写道："闻讣音，问死之因，乃督工重建义祖牌坊而祸生莫测"、"凭虚跌殁"。"暕"是冯瑢长子永二公冯暕，义祖牌坊，即义观祖父之牌坊。由此可证，砖牌坊是在景泰间献粮赐冠带时，同时赐建。

冯子恭故世后，宅名仍旧，其子冯义观、冯信观孝顺母亲，尊长爱幼，为人忠厚，待人宽容。父逝未分，兄弟互信，长兄担纲，弟经出纳，料理得当，速富至裕，人称"老百万"，堪为村中富户。难能可贵的是，兄弟二人，仗义疏财，勤于公益，扶贫济困，乐

碑坊屹立　古宅幽幽
——安徽省黄山市绩溪县浩寨乡冯村

善好施，乡里受灾，慷慨捐助，毫不吝啬。

明景泰间，灾荒频仍，官府下谍：能输粟者，赐之冠带。兄弟慷慨捐输，后官府登门，授予冠带，兄弟谦让不受，感动邻里。弟病早逝，兄乃同灶，与前无异，十五年后，兄终前嘱子：尔伯仲兄弟之情，生则同胞，食则同案，衣则同帛，出入同步，不可徇私。故后诸子，均遵遗言，情深意笃。二君之义，传于后世，深为感人。

此外，冯村府邸民宅，现今尽管诸多破败，但尚存府邸还有：大夫第、协政第、五马第、登科第等。

冯村的古民居，清一色的白墙黛瓦马头墙。其规模庞大，做工讲究，追求的是居室的美观、实用和品位。

冯应元宅：清代早期建筑，坐南朝北，前后两进，中设天井，开间五间，进深七间，占地面积216平方米。在天井东西两侧设七级台阶。天井南面用花岗岩石雕成单项式面须弥座，其东、西、北三向为深达十丈之水

池。后进屋架前部设拱轩，后部设人字轩。此宅的砖砌门罩，风格独特，采用花团锦簇垂花柱两根、假昂十四根、矩形圆形椽各十三根组合而成，给人以古朴、大方、简洁、端庄、豪放的艺术感受。

冯嗣隆宅：面临槐溪，硬山屋顶，封砌马头墙，砖木结构，前后两堂，中设天井，占地面积两亩多，大门饰以垂花式门罩，镶嵌块块砖雕，简洁雅致。室内装饰，或人物故事，或花鸟相戏，或灵芝祥云，或夔文博古。尤其是在槅扇的裙板上，以阴刻手法镌以诗词歌赋，游客登堂入室，浓郁文化之气，扑面而来，幽雅怡然。

临清堂：冯氏十八世祖之子冯恭宅院。冯恭者，亦称晚应公，隐德葆光，不随于世，

碑坊屹立　古宅幽幽
——安徽省黄山市绩溪县浩寨乡冯村

为礼乐忠厚世家。身处临清堂，能俯瞰清溪，每日作诗其中，为取陶靖节辞之意，名其堂曰"临清"。此后其家日兴，其名日扬，常有隐士墨客慕名临清，世人叹曰：临清，不仅恰于君之家声，亦恰于君之心灵。故以"临清"之意，寓诲后人，不论为官、为儒、为贾，必如溪流清澈，清白行事，端正做人；兄弟友爱相尊，妯娌和睦相处，邻里互敬互爱。"临清"之风，犹流水之状，随人生之道，永不停息。

御赐牌坊：在冯村，历代皇帝御赐、御封之牌坊曾有五座，为"登庸坊"、"进士第坊"、"大夫坊"、"百岁坊"和"贞烈坊"。其中最为称道的为百岁坊。据县志称，绩溪全县，古时有数座百岁坊，然冯村百岁坊，乃全徽州最早之坊，坊为乡绅冯光烛之妻曹氏而立。清朝嘉庆九年，曹氏一百零三高寿，五世同堂，嘉庆皇帝除恩赐绸缎银两外，特恩准建坊，御赐坊名："贞寿之门"。相传建成后的百岁坊，两柱刻有坊联："寿荫全家福，恩嘉五代荣"，可见当时冯氏繁盛荣耀之状。此坊最为珍贵之处，乃此坊不以石建，全为珍稀楠木而成，故乡间俗称"楠木牌楼"，实属珍奇可贵。不幸的是，正因木制，民国时毁于祝融，实为惋惜。

冯村牌坊今存两座，即村口之"大夫坊"，村中之"进士第"坊。

进士第坊：现为省级文保之物，位于冯村中街，南北朝向，建于明成化十五年（1479），坊文为进士冯瑢所书。该坊四柱三门五楼，高二丈四尺、宽二丈四尺六，通体花岗岩雕琢而成。梁枋系浮雕工艺，图案精美，刀法娴熟，线条奔放，结构精致，风格淳朴，气势雄伟，堪称徽州牌坊上乘之作，具有较高的历史、艺术和科学价值。

关于冯瑢与进士第坊，诸多资料及当地村民，多以为此坊乃为冯瑢所建，其实不然。此坊正面铭文之左有"大明成化己亥岁七月吉日立"字样，成化十五年即公历1479年，而坊背面铭文之左又有"戊戌春闱同年冯瑢书"字样，"戊戌春闱"，只能是成化十四年即公历1478年，该年即为"戊戌年"，冯瑢此年入仕。于此表明：此坊铭文系成化十四年

（1478年）科考进士冯璆所书，而牌坊建于成化十五年（1479年）。

如此，此坊决不可能为冯璆所建。理由之一，岂有坊主为自己之坊书写坊文之理，此与中国文化不合；理由之二，冯璆于成化十四年为进士而入官宦之流，即便其有再大本事，也不能为宦不到两年，皇帝就为他立坊，除非冯璆在此两年中，建立奇功伟业，如此必入史册，但翻遍《明史》、《明实录》，均无此载。且冯璆最高任职仅为"兵部车驾司司马"，充其量只是兵部之下，一部门主管而已，如此资历、政绩，全然不够立坊之资。故此"进士第"坊，当另有其主。

大夫坊：此坊位于村外大道边，传说是明朝嘉靖年间，为时任山东莒州知府的冯兰而建。该坊亦为四柱三门五楼式样，通体用花岗岩石雕凿而成，只因日久风化，雨雪侵蚀，多有沧桑之态，加之当年牌坊四周诸物，均已不在，今惟其独立村口，更有孤寂隔世之感。

三绝：华表，槐树，拱桥，合称三绝

华表：传说冯村华表有八根，现存三根。冯村华表，乃花岗岩之石圆柱，顶端圆盖帽之形，竖立槐溪河边，高六尺余。关于华表传说多种：一说用作"天灯"，即夜间路灯的挂靠物；二说古时称作"诽谤柱"，是号召大众"纳谏"的标记，此说足见冯村祖先的文

村口之"大夫坊"

碑坊屹立 古宅幽幽
——安徽省黄山市绩溪县浩寨乡冯村

华表

明风气；三说因其多立于官家府邸大门外，常被用作拴马之用，故村民俗称"拴马柱"。

槐树九株：传说当年槐溪两边，曾经槐树成荫，这些槐树种于明朝嘉靖年间，其中最为高大茂盛的有九棵。据村中老翁回忆，这九棵槐树，株株茂盛壮大，主干须两人合抱。每当夏日，即便烈日当头，其宽阔茂密的树冠，遮阴着槐溪、水街，路人至此，顿觉凉爽，故树下常是童叟纳凉取乐极好之处。然时过境迁，今已不存。

拱桥十三：冯村当年有"九槐十三桥"之美称，内传绩溪，外扬徽州。这十三桥均为明代建造，雕有明代"成化"、"弘治"等年号，致使经年之石桥，更显沧桑之感。十三桥依次为：云庄桥、龙门桥、万年桥、崇礼桥、荷花桥、红桥、大树桥、独石桥（已断）、安仁桥、崇义桥、尚德桥、绿荷桥、北山桥。这些石桥造型巧妙，轻盈枕水。尤以龙门桥别具一格，它建于两山夹峙一水中流之间，桥下有一巨石横亘，石中有一洞仅尺许，溪水从洞中回旋而去。每当洪水暴涨，急流冲石，银浪翻卷，汹涌奔腾，气势颇为可观。想当年，石桥与巨槐相印，当为一景，惜今树荫无踪，石桥无遮。

槐溪两岸，至今尚留诸多当年石制"饮马槽"、"旗杆石"、"美人靠"（石椅）等遗物，不由使人常睹物生情，有故旧不再之憾。

碑坊屹立　古宅幽幽
——安徽省黄山市绩溪县浩寨乡冯村

各式石桥

旗杆石

石椅正面

饮马槽

石椅背面

世事如弈　维系宗族
——安徽省黄山市绩溪县上庄镇棋盘村

安徽省黄山市绩溪县上庄镇棋盘村，地处黄山余脉旺山北麓一片开阔之地，发源旺山的桃花溪从村北绕村而过。棋盘村建村已有七百多年历史，原型外貌基本未变，2004年被安徽省政府列为古建筑群重点保护单位。全村数十幢民房大都为明末清初徽派建筑，衢巷纵横，错落有致，成棋盘状布局，为浙皖山区古民宅建筑之奇葩。

一、棋盘村之"奇"

棋盘村之奇有二：一为村内街巷、民宅布局，如中国象棋之棋盘；二为所有民宅一反常态，均为坐南朝北。若究其成因，皆归明朝开国元勋石迁后裔石荣禄所为。

棋盘村主姓为"石"，亦称石家村。相传明朝正德年间，石守信后裔十五世孙石荣禄，来此建村，因其始祖石守信（北宋人，乃为赵匡胤"黄袍加身"诸将之一，戎马一生，功绩显赫，乃北宋开国元勋之一，列以赵匡胤为首的"义社十兄弟"之一）、其父石迁（石守信十四世孙，元末朱元璋起兵，石迁响应，建明后任徽宁府台）二人，一为北宋开国元勋，一为明朝开国功臣，又因二人棋艺精湛，当年各常侍赵匡胤、朱元璋弈棋，作为石氏后代，以此为荣，故按棋盘布局建村，既表皇恩浩荡，又显先祖荣耀。更因

网上下载
石守信像

然相交融通的徽派山居村落，又因其状如棋盘，故得名"棋盘村"。

全村以村南正中"石氏宗祠"为棋盘之"帅府"，以此为中轴，左右对称；与"帅府"对应，幢幢民宅，各处其位，以"士"、"相"、"车"、"马"、"炮"、"兵"名之，写于宅墙之上。

村内东西向诸横街，为棋盘中之"纬线"，南北向之纵街，则为"经线"，位于村外之桃花溪，权作"楚河汉界"之界河。凡来过棋盘村的游客，会有一问：说是此村照棋盘而建，但作界河之溪，不在村中，而在村外之北，岂不只是三十二格半个棋盘? 令人

先祖石守信，原居河南开封，而河南石姓发祥，乃甘肃武威，两地均在北方，故全村所有民居宅院、宗祠厅堂，均坐南朝北，以示不忘故土及眷恋之情。这虽与我国传统民居大多坐北朝南之习相悖，然棋盘村址位于旺山北麓，桃花溪又在村北，依据古代堪舆之说："枕山面水"之原理，房屋门户可以向北，故全村"北向"，既是一种眷恋与怀念，更为一种希冀与期盼，激励后世子孙，不忘祖先、报答皇恩。

棋盘村坐落在绩溪县城西北三十公里的旺川小盆地，南倚旺山，北面桃花溪，占地近百亩，历经数百余年不断营建，终建成九横五纵十四条街巷。村内巷道、水圳互通，引山溪水入村，并沿水圳穿村而过终入桃花溪，将山、水、村落融为一体，建成人与自

网上下载的棋盘村鸟瞰图

世事如弈　维系宗族
——安徽省黄山市绩溪县上庄镇棋盘村

纵横之街巷

费解。更有甚者，1984年4月，当地《徽州报》在报道棋盘村民集资维修古村，特指出若干年后，"为实现祖先的遗愿，续完一个有六十四个棋盘格的石家村"。

不知此文作者是不懂石氏先祖建"棋盘"村之因，还是仅仅望文生义地理解"棋盘"之意，从而蛊惑村民建造一个"完整"的"六十四格"象棋棋盘。真要如此，石氏

村口之"兵"宅

先祖在天之灵，岂非哭笑不得？

棋盘村建于明朝初年，众所周知，这段时间，先是朱元璋开国，为稳国是，诛灭功臣。接着朱棣靖难、借清君侧之名，大开杀戒，朝廷官心浮动，各求自保。开国功臣石迁之子石荣禄，在此"大背景"下，从京城徙居山区，难道仅为风景之丽、山水之佳？保族人之安，续石氏之后，应是石荣禄迁居之初衷。至于建村取"棋盘"之象，表面上炫耀皇恩浩荡，实质是取棋局博弈之比、求对弈取胜之意，喻子孙牢记：石氏后代，必类棋局一方十六子，自"帅"至"兵"，各司其职，行保宗族之责，此乃石氏先祖建"棋盘"之村真正目的。

试想，若真要建成一个六十四格完整棋盘，势必在桃花溪北岸，再建一村，如此，石氏子孙岂不因"楚河汉界"之分，成黑红两方而终日争斗，石氏宗族从此焉有宁日！故此三十六格的棋盘村，看似为半，实为石氏先祖精心设计的完整"棋盘"。

出于如此考虑，村内格局多有机巧：每条街巷的两端均筑有闸门、门廊，夜晚关闭；街巷之铺石，间或设有悬空铺设的"响石"，夜深人静，若有歹人行至，踏碰此石，便会发出"咚咚"响声，村民即能知觉，防盗擒贼；村中水圳明暗相兼，其用途在于既能就近提供水源，又能火警时提供灭火用水；纵直横平之街巷，视觉通达、一览无遗，此乃保安缉盗有效保证。故《石氏宗谱》中规定："村如棋盘，建房屋不得阻塞街道"，整个村庄布局，宛若城堡。

世事如弈　维系宗族
——安徽省黄山市绩溪县上庄镇棋盘村

天井中的排水沟，其形象征"四水归明堂"　　　　　　　　　精致的木樘

二、民居与宗祠

目前村内所存 12 处老屋，其中明代建筑一处："上厅屋"，清代建筑 11 处，如"石磐安"等，私塾旧址和坍塌祠堂各一处，极具徽派建筑风格和工艺价值。

民居：棋盘村民居外观大多为石库门、小青瓦，白粉墙，马头檐等。石库门的门盖上置有门楼，门楼和门盖中间用青砖嵌白粉线

每家每户院中都有一棵石榴树，谐音"石留"，喻指石氏余脉永留存

条和砖雕作装饰。走进大门不足两步，便有一门式屏风，俗称"水照门"，按当地风俗，只有婚丧、喜庆等大事才能开启此门，平时出入皆走水照门两边。屋内分上、下客堂，上客堂和下客堂两边是厢房，中间是客厅，上堂和下堂间隔一天井，天井地面用精加工的花岗岩石铺成，地下置下水道，地面至檐口装有落水管。天井又称明堂，是古代徽派建筑自然采光之用，同时又是屋面雨水排泄出处，俗有"四水归明堂"之称，象征财源不外流之意。

天井两边为阁厢。上下堂还各置有两个"经巷"（通向隔壁居室或厨房的通道），"经巷"各置落地花榈门两扇，门上雕有人物花草等图案，屋内有立柱不等，用料十分讲究，大多为银杏和香椿树制成。上、下客堂大梁两端，雕有人物图案。立柱和大梁之间，有精雕细刻的木撑（俗称"牛腿"），形状不一，大都以花鸟、走兽、人物为题材。如刻狮子的木撑，称为"狮撑"，刻有花卉的木撑，称为"花撑"。厢房亭阁的梁柱间，也有精致木撑，所刻亦为传说中的故事、人物，以寓人伦之教。

棋盘村民居庭院里，大都有一株或数株老石榴树，之所以种植石榴树，乃取其谐音"石留"。村民说，家家种植石榴，以示石氏余脉永存之意，故石榴乃棋盘村之"村树"。

石氏宗祠：亦称"叙伦堂"，村人称其为"帅府"，位于村南正中。此祠毁于20世纪80年代，如今仅留废墟一片。为让子孙后代牢记此地曾为石氏先祖祠堂，故在废墟外围立周墙，专立一碑，以记其事。

"帅府"对面有一矩形池塘，塘里有一土墩，村民尊其为"印礅"，即石守信之帅印。印礅之上长有两棵古柏树，象征印柄，池塘与印礅合称为"帅印塘"。

魁星阁：顺治二年（1645年），村人石坚，随明军在当地抵抗清兵，事败被杀。作为惩处，朝廷把石家贬为"小姓"，世代为"大姓"佃仆，子弟不准赴试为官，直到乾隆十六年（1751）才获恩赦。村人石守信第十七世孙石承汉，领衔集资，承建是阁。

魁星阁位于村西水口边，与村内民居一样，坐南朝北。阁基高二尺，每边长二丈，楼基周长比楼阁少二尺半，寓意明在上、清

世事如弈　维系宗族
—— 安徽省黄山市绩溪县上庄镇棋盘村

在下，明强清弱；落地檐长丈七，象征明朝十七代皇权；楼角离地丈九，每方用椽五十根，照此计算，四角离地合计七丈六尺，四方用椽合计二百根，两数相加，正合明王朝统治二百七十六年之数。此说可能附会，但可见石氏后代之用心。

魁星阁虽年久失修，但其石柱雕梁，青砖为脊，凤瓦为角，四沿悬铃，风动叮当作声，仍然蔚为壮观。

叙伦堂——石氏宗祠遗址

"帅府"叙伦堂对面的"帅印塘"

魁星阁

天人合一　田园牧歌
——安徽省黄山市"瞻淇"古村

"瞻彼淇奥，绿竹猗猗，有匪君子，如切如磋，如琢如磨。"流传数千年之久的《诗经·卫风》，是这座"枕山、环水、面屏"的千年古村的生动写照，也赋予它诗意般的村名"瞻淇"。安徽黄山市瞻淇村于 2006 年 10 月正式被列为安徽省历史文化名村。

一、瞻淇村的来历

沿着高速公路，行进在漫山遍野的油菜花海之中，皖南的四月天，一派春光、满目金黄、微风拂面、气象万千。

一个传奇的村庄呼唤着我们，史载唐朝长安二年（公元 702 年）章东和章元镇两丞相退隐于此，劳作生息。章元镇生有二女取名素娥和翠娥，其妻一日和二女山上采桑，母为虎攫，二女呼号奋勇捕虎，母因而得救。刺史奏报朝廷，为表其义，受皇旨在村中兴建"孝女庙"（宋朝范仲淹手迹）和"孝节桥"各一座。章祁村由此诞生。

南宋嘉泰年间（1201～1204），汪楫（字作舟，号济川，宋嘉定至淳祐年间进士）与父汪俊（字仲深，号岐山）迁入章祁后，人丁开始兴旺，历代有官。相传对堪舆风水颇为精通的汪氏 71 世祖俊七公，想方设法破坏章氏风水，在祠后连挖二塘，斩断山脉，章氏人丁从此大减，汪姓日见发达，连

天人合一　田园牧歌
——安徽省黄山市"瞻淇"古村

出祖孙进士，单老虎巷内就出了十八个进士。康熙二年（1642年）其后裔汪作霖任江西九江府德化县令，借《诗经·卫风》"瞻彼淇奥，绿竹猗猗"诗句，将章祁改为"瞻淇"，并刻"瞻淇"二字，立于村西进口拱形大门上，大门两边有对联："玉竹三元夜，银花万树春。"从此"章祁村"成为"瞻淇村"。

二、徽杭古道

瞻淇村总面积8.5平方公里，其古村落选址和建造，依据"枕山、环水、面屏"的形象风水原理，和徽州大部分村落的外部空间呈现出同构的模式。

村内有一条宽约三米、贯通东西的主街，路面是青石板铺成。原是古徽州府通往杭州的古道，被世人称为徽杭古道。不知是先有徽杭古道，还是"瞻淇"先它而生。这条古道千年来成为徽商从歙城通往杭州的一条必经之路，同时也成为村子的中心轴。街两边建筑的大门都是朝街敞开，尺度宜人。伸出的屋檐、开敞的店铺、从户门里伸出的石阶台子，以及门头、窗栏，既丰富了沿街的立面，也让人觉得十分亲切，使村民从外进来就有一种到家的归属感。

穿行在曾经的"徽杭古道"上，遇见一坐在轮椅上的老者，鹤发童颜、声如洪钟。推轮椅的儿子也年近六旬。仔细询问，其原是上海公安系统的干部，因思家心切，退休后回乡养老。攀谈中，老者对瞻淇的赞誉不绝于耳。从他的口中，我们进一步证实了，瞻淇人注重文化教育，私塾、书院、文会有七八处之多，其中最有名的是古梅山书院、上学堂和乡约所。历史上出现了不少名人，据《歙县志》记载有42位之多，在县史上也是不多见的。

瞻淇古村一景

尘封的古山庄
Chenfeng De Gu Shanzhuang

坐落在徽杭古道上的瞻淇村

天人合一　田园牧歌
——安徽省黄山市"瞻淇"古村

出村入山之徽杭古道

敦和堂的后人

"徽杭古道"穿山而过，仅容两人行走的山间小径把安徽与杭州之间的各个小镇小市如珍珠般串在了一起。古时，人们通商、求学都要从此而过，三天三夜的行程走出了众多的历史名人，瞻淇正是通过他们扬名四海。

资政第，位于下街东侧的中巷内。其祖先汪莱著有《衡斋算学》一至七册，《覆载通几》、《参两算经》各一卷，在中国数学史上，他第一次对组合等理论进行了研究，由此可见汪莱在数学史上的地位。资政第为其孙汪廷栋所建。汪廷栋是清光绪年间秀才，任过河州知州，官居二品盐运使。该宅是村中最大的宅院，占地一千余平方米。汪廷栋在光绪五年，被委署甘肃河州知州，参

尘封的古山庄
Chenfeng De Gu Shanzhuang

资政第的后人

老虎巷一角

与黄河及其交流湟水的治理，做了许多泽及百姓的事。闽浙总督杨昌浚于光绪十二年为表彰其功绩而亲书的"泽洽河湟"匾额保存至今。光绪二十三年，受命任陕西全省水利总局提调，亲赴华州、华阴等地，治理水害，新开大小河渠二十八道，疏浚旧河十三道，改河一道，引水入渭，涸出水淹地一千二百余顷，解除了二华水患。为此，清廷特"赏顶戴二品花翎"。汪氏后人名人辈出、文武兼得。

村中保留下来最为完整的老虎巷，古风古韵，粉墙黛瓦，古朴之气迎面而来。清代康熙年间，兄弟进士出自于此巷。兄汪溥勋，康熙丁未年中进士，授中书；弟汪浩然，康熙庚戌年中进士，官至户部主事。为此，瞻淇子弟纷纷进巷就读。传说当时众多学子读

天人合一　田园牧歌
——安徽省黄山市"瞻淇"古村

书之声，冲高墙、击陡壁、如虎啸，远近诸村称之为老虎巷。据《歙县志》记，老虎巷中就出了十八位进士，可谓文运昌盛一时。这条古巷依山顺势而建，与自然和谐相处，与白云青山绿树相映，至今已有数百年之久。

三、各具特色的历史建筑

古代瞻淇是一曲天人合一的田园牧歌。为了能够在这块土地上生存繁衍、兴旺发达，瞻淇人用了一千三百年的时光，选择了一条人与自然环境协调发展的道路。主要体现在营造、理水、防风固土三个方面。

瞻淇村三面环山，东面略为开敞。三条主要水渠——大坑、塘坑、下坑限定了村落的边界，穿村而过的上坑之水又将瞻淇分为上街和下街两部分。瞻淇村的水口在村西南处，河水流去的方向。此处两侧有青梅山、打鼓山夹峙，原来水流是通畅顺直的。为了符合风水的意境，经风水师指点后，人工将河道扭曲成"之"字形，以求留住财气。方印墩上广植树木，以求障风蓄水，跨河而建的大埧桥，亦桥亦闸，控制以下百余亩水田，成为水口的"关锁"。桥旁边的鬼神坛，是祭河口处。村内有完整的明沟暗渠水系，雨季时能迅速排除积水。前后村内均匀分布着的人工开凿的水井、池塘，为村民提供了稳定的生活用水。

得天独厚的地理环境，加之少有战乱纷扰，因此村内古民居基本完好，保存完整的明清古建筑约40余幢，如天心堂、承荫堂、宁远堂、九世同堂、兰芬堂、京兆第、资政

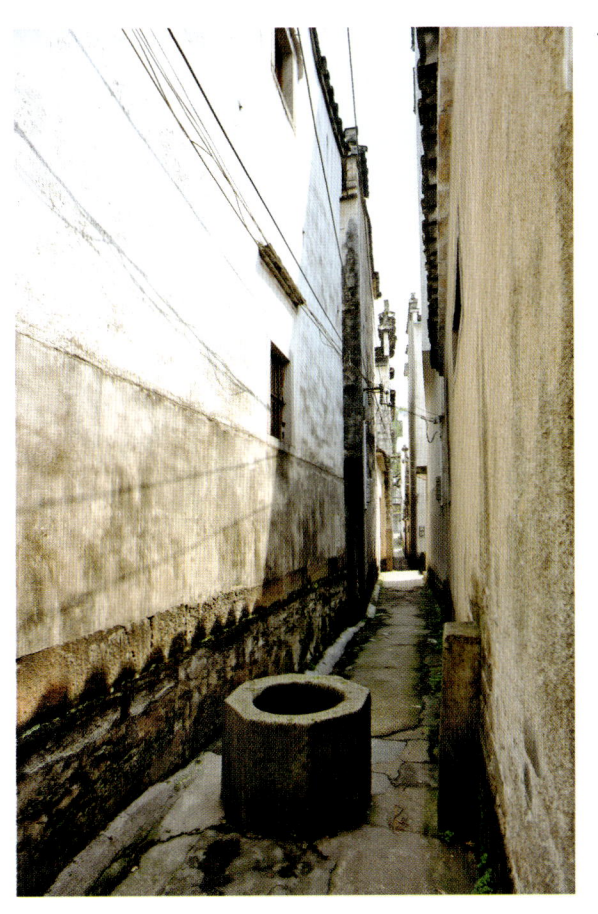

古井

从井壁所凿文字，依稀可见："康熙癸丑年重建"，即康熙十二年，公历1673年，距今已341年之久

敦和堂正门

第、居然旧居、存省轩等。

敦和堂：现存前进、中进仍保存完整，位于上街旁，距总祠较近，并得到皇帝"恩荣"的题匾，规模宏大，做工考究。门面正面用青砖磨砖对缝方式砌出门楼，门楼上有砖木石雕"百象图"；墙内为朱红色木构门屋，子角梁上做有套兽，色彩鲜艳明丽，大异于徽州建筑的素雅。三开间享堂用料硕大，前后檐作轩。月梁梁楣弯得平缓而舒展，偏于明式做法，尤其具有多种形象的象形梁头，增加了堂内的装饰效果。

敦睦堂：历史上遭火灾三次，1975~1982年间前进被毁，现仍存有大部分。据说此祠是全族中最富有的，木构殿堂全部用白果树做成，其占地面积和建造式样和总祠相仿，

天人合一　田园牧歌
——安徽省黄山市"瞻淇"古村

敦睦堂

天心堂内景

由此应不虚其言。

天心堂：现为省级重点文物保护单位。建天心堂的永生公曾作过歙县县令，当时的三朝元老歙县人许国和其素有旧交，因而请到了明末著名书法家董其昌为它题写了"天心堂"匾名，悬挂于大厅上。天心堂以其布局典型和雕刻精美著称。

九世同堂：1901年营建，因门罩上有精美

的"九世同堂"砖雕而得名。其门罩起翘昂然，采用透雕手法，在厚不到一寸的砖胚上，全是镂空的花饰，从近到远分离好几个层次。以连锁的拐子眼、步步锦、万字纹作边饰。中间主要装饰部分则是人物戏文配以亭台楼榭，将民风民俗纳入其中。两边以卷云游蛟

九世同堂的砖雕 　　　　　　　　　　九世同堂

天人合一　田园牧歌
——安徽省黄山市"瞻淇"古村

龙、狮子戏绣球为咬端首尾。人物姿态逼真，花鸟走兽形象生动，极尽玲珑剔透，精细华琐之能事，是典型的清代砖石雕作风格。

宁远堂：始建于明末清初，是一座三进的住宅，分前、中、后三个院落。传说宅主祖先曾在朝中做过二品官，故此宅修葺甚为考究。该宅呈前低后高台阶状，各进房屋都建在不同的标高上，这样据说有利于风水之力导入宅中，以求得好的利势。正厅部分柱子硕大，柱础、梁垫等结构件制作精美，且二层檐伸出要大于底层腰檐，营建较为特殊。后院两侧廊设有挡雨板的功能。

裕德堂：始建于明末清初，该宅前后两部分轴线错开，各有"四瓦落地"的内天井，

裕德堂

京兆第

尘封的古山庄
Chenfeng De Gu Shanzhuang

上下楼层柱子错位布置，朝向北偏西30°，其宅门向正北扭转，形成"歪门"，是因要避免宅面对汪氏支祠敦和堂，为避免风水上犯忌的"门当户对"所致。门楼雕刻精致，可见许多吉祥图案与花饰，如虎头、如意、回纹、祥云、双凤朝阳等。

京兆第：位于上街，建于清初，京兆第为门罩牌匾上的题名，据说祖先做官到京兆尹

瞻淇街景

"居然旧宅"的主人，当年因"风水"、"运程"的原因，特将屋内之门与道建成"歪门斜道"之状

瞻淇街景

天人合一　田园牧歌
——安徽省黄山市"瞻淇"古村

的,其内大堂称为"立仁堂"。整座宅分为三路:中路最宽,装饰讲究;东侧一路窄长而无天井,旧时可能作储藏之用;两侧一路单开间加廊带天井,底层作厨房,应为仆人居住部分。二层有门洞显示古代宅西还有住房,宅内隔壁用苇秆抹灰而成。宅内一柱上有火焚痕迹,据说太平天国军败退于此,晚上用火把照明插在柱上不慎焚烧所致。

资政第:又名"汪莱故居",位于下街东侧的中巷内。宅内退思堂、默思堂、轿厅及退思堂一侧未建成部分组成。其中退思堂为光绪年间所建,其余部分则为民国时期增建。宅内匾额颇丰,从外到内分别挂有"资政第"、"诰命"、"退思堂"、"花好月圆人长寿"和"退藏于默"等匾额。该宅是村中最大的宅院,占地1000余平方米,因来往官吏较多,故在宅门前巷道拓宽,便于坐桥停息和调头。

汪翥宅:宅祖先汪翥曾任明代的兵马总司,该宅形式古朴,引人注目的是天井中太平池,为明代住宅内的典型做法,可作救火用。汪翥宅原有相同的左右两路建筑,现东侧一路已毁,宅内不用当地常见的雕花斜撑等装饰构件,而在梁头处直接采用方木形式,脊桁的随桁枋粗大。楼面用双层铺地,即底层为木板,上层铺方砖,这种考究的做法能起到一定的消防作用。楼上侧廊壁上有砖制斗拱,各房间均有阁楼且进口不明,可能原为藏宝藏身之用,现宅内有存古匾两通,一为"式好堂",另一为"思诏一纶音自命不俊"。

承荫堂:位于村北池塘边,主轴线为南偏东15度,建于清末太平天国年间,其木构梁柱甚为简洁,门窗及斜撑等部件装饰精美,据说清末徽州人造房费用一半用于盖房,一半用于装修,故而承荫堂和同时期的徽州居民一样具有大量的砖雕、木雕。其最有特点处是平面呈簸箕形,口小肚大,意为"财不

村民为烘焙茶叶准备炭火

宅内青苔炊烟

外流"，二厅二天井，前厅轴线为南北向，后厅为东西向，这种在住宅中垂直转换轴线的布置方式，并不多见。

四、千年古村传承下来的民风民俗

瞻淇村西北方向分出两支山脉，向左为来龙山、和尚坦；身右为毛坞峰、春坞峰，两侧延伸将整个村落环抱在中央。村子背依的来龙山，蜿蜒起伏如行龙而来，面对的远山秀峰巅，郁郁葱葱如一面屏风，正是风水中所理想的龙脉、朝山。村有一习俗，谁家喜得贵子，必捧土一把堆于秀峰巅。南面缓缓流过的大坑之水，既给瞻淇居民提供了生活、生产用水，在风水上又有极其重要的意义。徽州的河水一般是由西往东流，但在瞻淇，水是由东往西流的，据称最初风水师相中这块地和此有关。从村落的形态上看，桥头一株数百年以上的"风水树"，枝叶茂盛。按村中风俗，凡孤寡无儿女者，为求死后有归宿，每逢过节都须来祭"风水树"。营造

天人合一　田园牧歌
——安徽省黄山市"瞻淇"古村

村落，首先要选址。相传宋时，汪姓家族由西迁入现今瞻淇村所在地。其68世祖俊公通晓风水，看到瞻淇的河流由东向西流，认为大异，日后汪姓可"代代不离百里侯（知县）"，于是在大坑北岸择地而居。历史上瞻淇村多旱少涝，而大坑附近丘陵环保，山溪汇集于此，生产、生活用水得到保证。村落远离后山，以避山洪和塌方。村中两条长溪垂直于大坑向后山延伸，使村落有了发展的余地。如此择地建村，风水术上解释为"藏风聚气"，日后必会繁荣昌盛。在单体民宅的建筑上，宅口都朝向东南，以求"东晒日关夏皆荫"。而风水术得以朝向赋予人文意义——"癸山丁向"，取富贵和人丁兴旺之意。

瞻淇村至今还有喜戏鱼灯的习俗。宋代宋理宗时，瞻淇人丁兴旺，代代有官，以北京兵马总司汪曙、江苏县令汪鸿澡、江西九江府府台汪作霖为首，在村里兴起元宵节花灯。在明代，办有庙会，怀念祖先，建有忠烈祖庙，每年正月初八打扫，整理庙内，百姓各配备36碗36盘各类祭品，初九庙内上灯，外界备各种花灯，有竹马、蛤壳厘、树灯、猴儿舞棍，鱼，直到正月十八日、十九日收会。鱼灯至今流传着，农历正月初八时，各种大红鲤鱼轻摆身躯或前俯后仰跌宕起伏旋圈子在大街上，大红鲤鱼每到一户人家，都会放慢脚步，踩踏着鞭炮的纷屑起舞腾跃，伴着热烈的鼓声把幸福吉祥送入百姓家门。正月十五元宵节，鱼灯便戏到做喜事的农户家，为新居落成、庆寿、结婚之农户欢庆。据说这能祛邪避晦、喜上添喜，各农户家人总是热情地泡好茶、摆果盘、燃红烛、燃鞭炮迎接红鱼的光临。鱼儿一冲到堂前，就如入无人之境，随意掀风鼓浪，尽兴起舞，迎百福，纳千祥。过了十五，大红鲤鱼又要换貌一新，披挂青衣成为大青鱼了，表示一年的开始，春光处处，万物生机，春耕开始了。

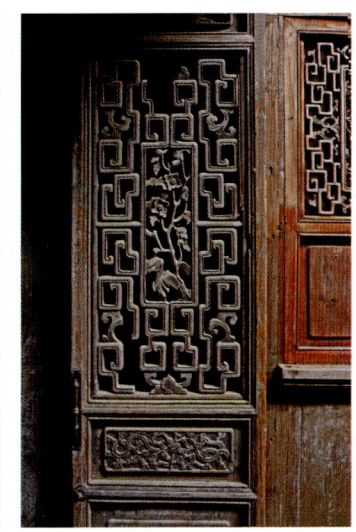

上古而来　礼仪之村
——浙江省绍兴县稽东镇冢斜村

浙江省绍兴县有一称为"活化石"的古山村——稽东镇冢斜村。咋一听，会生疑惑，"冢"焉能"斜"？"冢"，取其原义，即为"大坟"；而"斜"字，取其"不正"之意延伸——"偏"，为"偏坟"解。结合此地传说：远古舜后、禹后及越王勾践之后妃，曾有安葬于此，则"冢斜"之意自明，即"帝王偏氏之冢"，可见其来历之久长。为此，2010年7月，该村被国家住房和城乡建设部、国家文物局命名为"中国历史文化名村"。

一、冢斜的建村理念

冢斜村四面环山，南临舜江，风景优美。村北大龙山，古称东岩，山势磅礴，葱郁圆润。村南轰溪山，挺拔清秀，形似屏风，宏伟壮观。大、小狗山和螺山，层峦叠嶂，郁郁葱葱。村东草山、狮子山，山体连绵，横亘村首。村西象山、门前山，群峰拱卫，高低错落。小舜江北溪宛似官带，从村西北向东北，沿象山、门前山、轰溪山之脚，蜿蜒潺潺，绕村而过。村前大片坦田，呈一派和谐、秀丽风光。

冢斜四面环山，南临舜江，气候、温度、水分、土壤、防风诸况，协和序成，乃极宜稼穑、繁衍之地。从传统建筑理论看，冢斜村正处于舜江之"汭位"（即河道凹位的河岸

上古而来　礼仪之村
——浙江省绍兴县稽东镇冢斜村

之地），在此位置建村筑城，古人称为"攻位于汭"。此说最早出于《尚书·周书·召诰》："以庶殷攻位于洛汭"，即指当时召公带领殷人，在洛河的凹处河岸，营建生活居处。

这种认识或理念，乃中华民族最早的建造学理论，古人在长期的社会实践中认识到，在河流两岸，必有处于凹位与凸位的河岸，由于水流的冲刷作用，处于凸位的河岸，随着岁月久远，土地必然流失，越来越少。相反，处于凹位的河岸，泥沙则会不断淤积，致使土地向外延伸。对此平白无故"长"出来的土地，古人看作"天赐之物"，故在建村筑城时，必选此位置，以期土地增长、人口繁衍、财富丰饶。

清代人吴鼒撰《阳宅撮要》，其卷一《总论》中说："凡京城府县，其基阔大。其基既阔，宜以河水辨之，河水之弯曲乃龙气之聚会也，若隐隐于河水之明堂，朝山秀

水，峰相对者，大吉之宅也。"这里，作者有意省略了"汭位之说"，换成"河水之弯曲"，又附会"龙气之聚会"，使之玄乎深奥，但以冢斜村的地理位置，再对应"汭位之说"，二者何其一致，可见冢斜之先民，正是遵循这种自然朴实的思维方式，兴建家园。

二、众多古建筑群

冢斜村之所以称其为"活化石"，是因为它有众多古建筑：有建于唐朝贞元九年的"永兴公祠"；始建于清乾隆二十五年的"余氏宗祠"；建于明、清时代的"余氏老台门"、"高新屋台门"、"下新屋台门"、"上大院台门"等古老的大宅院（台门，相当于北方的"大院"）。此外还有建于清乾隆年间的古桥"永济桥"；修建于宋、元、明、清时代，为各级官员前来冢斜祭奠舜妃、禹妃和永兴神居住的驿站、马厩；远近闻名的"冢斜古戏台"；建于明末清初的"永济茶亭"和通往诸暨的山间古驿道……

古驿道：村南有条古道遗迹，穿越舜江而过，乃当年途径大、小西岭，通往浙江诸

通往浙江诸暨的古驿道

上古而来 礼仪之村
——浙江省绍兴县稽东镇冢斜村

永济桥

余氏宗祠

暨的交通要道。其越江而过的是清末留存的六墩五跨石梁桥，名曰"永济桥"，桥墩用条石错缝叠砌，迎水呈梭形，桥面用三块石梁并列铺就而成，后被洪水冲毁三分之一桥面，改用横条水泥板重新铺设。

余氏宗祠：建于清乾隆二十五年，分前后两进，祠门高悬"余氏宗祠"横匾，前廊的船蓬轩、牛腿上，均刻有各种人物和圈云图案。后进为正厅，建筑宏伟，高约二丈有余。二十二根立桩，均为青石圆柱，高丈五，合抱粗。正厅后壁为神堂，神堂正上方悬

宗祠内院

宗祠内戏台的匾额和顶部装饰

挂"明德堂"、"金坚玉洁"、"保里东士"、"状元"、"永宗"、"松筠并操"等匾。当年余氏宗族祭祖等重大活动，均在宗祠内进行。

冢斜古戏台：余氏宗祠内建有戏台，远近闻名。戏台呈正方型，台面朝北，三面皆有挑角。梁柱间雕有人物和龙凤对应的牛腿。台顶为圆形八卦结顶，俗称"鸡笼顶"，演唱时能有回荡之声。台前正方悬横匾，题"静观自得"四字，两柱楹联为"铿锵铿锵铿铿锵，人和人和人人和"。台后两柱楹联为"歌声环绕月返驻，霓舞翩跹月倍明"，横匾为"莺歌燕舞"。因其建筑风格不凡，兼有特色，故被编入百花文艺出版社出版的《中国古戏楼》之中。

上古而来　礼仪之村
——浙江省绍兴县稽东镇冢斜村

戏台内饰

基本修好的"余氏老台门"

尘封的古山庄
Chenfeng De Gu Shanzhuang

等待修缮的"八老爷台门"

正在修缮的"高新屋台门"

上古而来　礼仪之村
——浙江省绍兴县稽东镇冢斜村

修旧如旧的冢斜民居

尚未修缮的台门外墙

81

当年"私订终身"的后花园,如今杂草丛生

三、历代名人

冢斜自古书香延续,村内所建私塾、书院、学堂,可追溯到明清时代,附近四方学子,涉水越山,求学冢斜。从这里走出,终成进士、举人、学士、贡生、监生、痒生者,不计其数;这里还有民国前夕,革命者在此传播"天下为公"辛亥革命新思想教育之记载;1949年后,出国留学也大有人在。他们藉其知识和胆略,走出大山,以精湛学识、超众能力,为民、为国、为社会,奉献聪明才智和毕生精力。

在冢斜村,能听到无数与该村相关的古代传说:

相传三代夏朝祖大禹,生有三子,长子启,继承父姓"姒";二子况,赐姓"顾";三子罕,赐姓"余",是为冢斜之先祖。大禹之妻涂山氏之墓,亦葬此地,为"冢斜"最初来历。春秋之时,勾践兵败,卧薪尝胆,光复越国,冢斜为其活动地区之一,越国诸多宫人,大都葬此。

此外,早期越国古都——"嶕岘大城"所在何地,历来为谜,长期困扰我国史学界、历史地理学界。著名历史地理学家陈桥驿先生,在冢斜地区考察后,根据历史地理学理论,以及《水经注》和《吴越春秋》之记载,作出自己的判断:古越最早古都——"嶕

上古而来　礼仪之村
——浙江省绍兴县稽东镇冢斜村

网上下载的大禹像

网上下载的大禹之妻涂山氏像

岘大城"所在地，就在冢斜。故冢斜之地，亦可称为中华民族传统文化中忍辱负重、韬光养晦、重振山河、民族复兴的渊源之地。

一方土地养一方人，冢斜悠久历史、文化，必然孕育出诸多名人。

网上下载的虞世南像

虞世南：为官历北周、隋、唐三代。他既以著名诗人、唐初书法"四大家"之一著世，又列唐朝贞观年代"凌烟阁二十四功臣"之位，同时，还以其廉洁刚正之气，为唐太宗"贞观之治"的股肱之臣。虞世南越州余姚人，官至秘书监，赐礼部尚书、封永兴县子，世称"虞永兴"，享年八十一岁。唐太宗赞其"世南一人，有出世之才，遂兼五绝：一曰忠谠，二曰友悌，三曰博文，四曰词藻，五曰书翰。"即德行、忠直、博学、文词、学问五绝。虞世南去逝后，朝廷敕封其为"永兴公"，恩准在其家乡冢斜，修建"永兴公祠"，当地村民亦称其为"永兴庙"。

永兴公祠，建于唐朝永贞九年，坐落在冢斜大龙山南麓，坐北朝南，南为宽阔良田，舜江水潺潺流过，轰溪山为其屏障。祠有两进，正殿为唐朝弘文馆学士虞世南塑像，村

83

永兴公祠

民敬称"永兴大王"。塑像上方悬挂虞世南手迹"攀龙附凤"横匾，两边为明代礼部尚书汤金钊的"和风降福"与清代名臣余炳焘的"玉帛朝宗"等横匾。

后殿有如来大佛，大佛后有山神菩萨。前后殿旁有厢房二十八间。永兴公祠建成后，历代朝廷每年均派大臣前来祭祀，其时盛况空前。"文革"时该祠遭毁灭性洗劫，供奉塑像均被毁坏。八十年代后，当地佛教信徒自发修祠，公祠才得以重现，2003年被列为县级文物保护单位，2008年县政府出资大修，原貌得以恢复。

余煌——明朝绍兴县最后一位状元：亦为冢斜余氏后裔。据民国版《婺源县志》载：余煌自幼好学，博览群书，明朝天启五年，以一甲第一名进士，状元及第，授翰林院修

公祠内匾

上古而来　礼仪之村
——浙江省绍兴县稽东镇冢斜村

公祠后的庙堂

撰，参修《三朝要典》。余煌品行端方，博览群书，工诗文，所著书皆能援证古今。尤精天文历算，"曾预推十年之日月交食，分秒时刻皆准"。其著述颇丰，有天文学、数学、考证、诗集等专著数十部，所著传世，多有编入《四库全书》。

余煌一生清正廉直，曾在其七十岁寿辰时，自拟堂匾和楹联，密封交付子孙：非盖棺之时，不得启封。待余煌蒙难后，得见其匾词四字："乐天安命"，楹联曰："读文书颇知三畏，宅我心不失一诚"，客观如实地评价了自己一生，恰如其诗："家园遥隔路三千，两字平安寄锦笺。但恐秋风南去雁，到来还让梦魂先。"乃其朴实淡泊情操之真情表露。

余煌晚年，家母病故，辞官归乡。明末崇祯皇帝缢于煤山后，南明鲁王监国，起用余煌为兵部尚书。其时南明腐败，诸臣不思复国，贪婪奢侈，余煌上言："今国势愈危，朝政愈纷，尺土未复，战守无资。诸臣请祭，则当思先帝烝尝未备；请葬，则当思先帝山陵未营；请封，则当思先帝宗庙未享；请荫，则当思先帝子孙未保；请谥，则当思先帝光

网上下载的余煌像

烈未昭。"此谏语重心长，然已无力回天，其言肝胆沥沥，成一时之名言。

余煌之死，传有二说：一为清兵过江，鲁王航海逃遁，余煌投水殉国，被舟人救起，次日再投水深处而死。二为清兵围绍兴，鲁王遁逸，余煌见大势已去，果断下令，大开城门，放军民出城避难。城空之后，赋绝命诗一首，独自出东门赴水，殉国而死。二说无论为何，足见其耿耿忠烈之心。尤其他的"人本精神"，难能可贵，终使绍兴妇孺老幼，免遭干戈屠戮，而自己则以身殉职，以示忠贞。这是中国文人传统的大义凛然、浩然之气，以及不畏人言、崇高的人本关爱理念，著名学者陈桥驿认为，余氏宗祠内，应增设余煌专座，以示敬崇、表彰。

余炳焘——"八老爷台门"主人：字吟香，浙江会稽人。道光元年举人，充景山官学教习。期满，以知县用，发陕西，补清涧，调盩厔，又至渭南，擢河南怀庆知府。咸丰三年，兵燹正炙，怀庆被围，时郡城兵仅三百，余炳焘选勇三千，登陴固守，又募死士缒城，下扰敌营。围久，城中粮渐不支，幸其素得民心，激以忠义，括粮节食而人心不涣，被围五十八日乃解，因功以道员用，擢陕西凤邠道，寻改授河南南汝光道，未几，擢升河南按察使。

咸丰四年，禹州、郑州、密县诸城被围，敌焚署、纵囚、掠绅民。余炳焘启奏："敌虽众，皆乌合，志在剽掠，无纪律。速临以兵，必惊溃，解散其党，不久魁渠可缚也。

取之"村史"的余炳焘像

速请朝命，迟将蔓延！"遂亲率兵勇千余往驰，剿抚兼施。事即定，寻署布政使，特赏花翎，升叙有差。继而驰援归德，解围亳州，收复永城，屡屡建功。后余炳焘染病，朝廷特旨予假治理，但不开缺，可见倚重之甚。咸丰七年，卒于阵。同治三年正月，朝廷恩敕"浙江会稽殉难故河南按察使余炳焘妻王氏，暨眷属二十九名口，分别旌恤如例"，恩及眷属。同治八年七月，又"予故河南按察使余炳焘入祀名宦祠"。故史籍赞曰："军兴以来，监司贤者，保障一方，其功与疆吏等，军政财政，各行省多有专任之人；……余炳焘守怀庆，其最著也。"

民国时期，冢斜村又出一位"大人物"——余晋龢，其早年留学日本，宣统三年毕业于日本陆军士官学校。归国后，历任国

上古而来　礼仪之村
——浙江省绍兴县稽东镇冢斜村

民政府陆军部参事、宪兵学校教官，民国十一年任青岛港政局局长。以后历任青岛市政府参事、公安局局长，北平特别市公安局局长、参议、外交室主任，厦门市市长，国民政府外交部特派员。但余晋龢大节不保，苟且偷生，抗日战争爆发不久，汪精卫组建伪南京国民政府，余晋龢屈膝伏就伪北京特别市市长，日本投降后，国民政府在天津将其逮捕收监，遂卒于狱。

近年来，随着对传统文化的重视、对古村落的发掘，冢斜村民对村落自身价值的认识，日益提高，开始注重对历史遗迹、破旧民宅的维护和修缮。余氏后裔县政协副主席、县水利局局长余茂发先生，解甲归田后，一心一意从事古村的恢复修建，老村支书须发尽白，壮心不已，欲为古村修复鞠躬尽瘁。

老支书在修缮现场

嵩溪村头双溪汇合处

深山古村　诗画相传
——浙江省浦江县白马镇嵩溪村

2012年3月25日，来自意大利CIAO Group的规划建筑设计专家一行五人曾经来到浙江浦江县白马镇嵩溪村进行中国古村落考察。据陪同的浦江博物馆副馆长张智强称：意大利专家认为，嵩溪村古建筑体量大，规模雄伟；而且保存完好，鲜有破坏；尤其是明暗溪相得益彰，风景独特。

春暖花开之日，笔者来到了嵩溪古村。未进村子，但闻溪水声声。站在村中望去，但见整个村落因地势而建，村内小溪潺潺，溪之上古屋横跨，分布密集，错落有致；溪之旁石板路四通八达，百转千折。房屋的朝向与外观也因了溪水的流向而变换多端，富于徽派建筑特色的马头墙与门头的构图也随之给人一种灵动之感，只是鲜见人的影子。整个村落无声地展示着江南古村的一种神韵，令人挥之不去。

一、"小杭州"盛景数百年

嵩溪村始建于宋代，盛于清代，历史悠久，文化底蕴深厚，村以溪得名，素有"小杭州"美誉。村中现存有徐氏宗祠、邵氏宗祠等古建筑43幢，老房子1560余间。

嵩溪村建村已有八百多年历史，由村中徐姓始建于宋代。始祖徐处仁，大宋之太宰，随驾南渡，始居于浙。二世祖徐徽言，抗金

深山古村　诗画相传
——浙江省浦江县白马镇嵩溪村

徐氏宗祠

殉节，赐谥"忠壮"。三世祖徐宾礼，官至江浙置制使，宋绍兴年间（1131～1161年），巡行属县，见浦江有邹鲁之风，择居乌浆山下大徐畈。其子徐金，授诸暨州判签事，赴任途中行至嵩溪源口，慕山川秀丽，解职后，举家迁居嵩溪。数十年后，邵姓始祖正弯亦率族人迁至此地，自此，徐邵两族亲善相处，睦合共济，邑之好善者，望风择处，遂成今日之嵩溪。现在的嵩溪有徐、邵、柳、褚、王、潘、马等十余姓，以徐姓为多，邵姓次之。村中建有徐氏宗祠、邵氏宗祠，是浦江县唯一的一村两祠之村。

嵩溪村石灰石储量丰富，烧制石灰距今已有2000多年历史。多数村民以烧制石灰

燕诒堂

尘封的古山庄
Chenfeng De Gu Shanzhuang

邵氏宗祠

马头墙

壁画

为生，销售石灰生财。清乾隆年间的诗人陈松龄曾作诗《嵩溪源观打石歌》，"嵩溪打石最好奇，悬崖千尺无攀跻。寸铁穴石系短梯，逼削岂足穷身栖；仰压俯堕两莫支，相对方各笑且嬉"，可见当年嵩溪烧制石灰的盛况。

也是因了嵩溪的石灰，数百年来远近客商云集，极大地带动旅馆、餐饮等行业的发展，清代尤盛，彼时这个深山的小村落，一度繁荣似锦，远近闻名，有"小杭州"之誉。

深山古村　诗画相传
——浙江省浦江县白马镇嵩溪村

二、文风素盛的古山村

行进在记载岁月痕迹巷陌中古朴的石板路，抚摸着寻常民居墙上笔法精湛、意境幽远的壁画，目视随处可见的徽派建筑经典马头墙，倾听满面风霜老人的津津乐道，笔者似乎穿越时间隧道，回到700多年前的古山庄。老人说，从700多年前的月泉吟社开始，文脉传承，诗歌之风就在浦江的乡野民间一直流传至今。现在的嵩溪村民几乎人人都会谈诗作画，是浙江省诗词学会唯一的村级团体会员，浦江县唯一的省级历史文化名村。

嵩溪村文风素盛。清康熙年间，徐敬臣创立了名闻遐迩的"嵩溪诗社"，后有徐思祚、徐思琛等邀会诗人友好，吟咏揣摩。又经徐宗义、徐宗璧、徐宗沛相继主事，承传数代。1986年重创嵩溪学社，嵩溪村的书画、诗文知名者，代出不穷，延续至今。目前，嵩溪诗社除了拥有一个200平方米的展览室外，还有创作室、教室、活动室等5个活动"据点"。嵩溪诗社现有70多名社员，有种田能手、家庭妇女、建筑工人、生意人等。年龄最大的80岁，最小的才5岁，文化程度虽然参差不齐，但都热衷于诗词书画创作。穿梭在嵩溪村老房子里，一不小心就能见到几句诗歌，有的贴在门板上，有的刻在窗棂上，有的索性在墙上画幅画，再配上诗，算是诗画相应了。

近年来，嵩溪学社的社员出版了《嵩溪诗文集》、《百姓百家集》、《百姓百咏集》等，

燕诒堂

尘封的古山庄
Chenfeng De Gu Shanzhuang

村头一景

深山古村　诗画相传
——浙江省浦江县白马镇嵩溪村

他们的许多作品发表在国家、省、市、县的刊物和媒体上，并时常参赛获奖。如今，嵩溪村的老农徐千意是省诗词与楹联学会理事、中华诗词学会会员，但他最得意的"头衔"是嵩溪学社社长。他说，诗歌是他生活中最有趣的部分，他常把生活中的一桩桩有趣的事情，变成一首首诗歌。今天的嵩溪，村民们经常在劳作之余，谱写着一首首、一曲曲自己的"风、雅、颂"。

徐氏一门，不仅诗人闻名于省内外，还有许多丹青大家。清代的徐子静，善人物、花鸟，均生动有致，传世者颇多。其《观潮图》，展现了翻滚的江潮与长街上前呼后拥的人流，气势非凡，而楼阁之上的达官贵人则悠闲自得。他的墨龙，泼墨淋漓，似有烟波出没、精妙入神之态。近代的徐品元，20岁金华府试第一，通经史，善诗文，工书法，曾在浦江、金华、义乌、东阳、诸暨、衢州等地任教经年，与康有为等多有信件往复，撰有《嵩溪笔耕集》、《课徒草》、《童子调》等。徐菊傲，一生专画写意墨梅，老杆瘦枝，巨细疏密有致，笔法苍劲。徐心灯，善书法，尤爱画竹，且收藏甚富。徐察人，善诗文，工书画，书法以隶篆作行草而自出心裁，绘画典雅清新，以兰竹尤长，兼作山水。徐心泉，擅壁画人物、山水、花鸟，尤精于木雕，其牛腿刻有历史人物百余人，按历史故事穿插，动作各异，神态生动，构图精巧，刀法纯熟。徐天许，擅花鸟，尤精鹰鹫，先后执教于沈阳师范学院、鞍山师范学院和中央工艺美术学院。

嵩溪水旁浣衣女

米长溪，溪上有桥，桥面与地面相连，上面房屋座座，桥下则通畅清凉，人可在其中洗漱甚至行走，堪称特色独具的"地下长河"。明溪常见妇女弯腰洗涤；暗溪像一个顽皮的孩子，喜欢和你捉迷藏，时隐时现，若有若无，神秘莫测。许多建筑更是横跨于暗溪之上，形成了一种独特的风景。

嵩溪古村经历了几百年风雨，仍被完好地保存了下来，现存古建筑大部为清时所建，有徐氏宗祠、邵氏宗祠、上下中间堂楼、小天门里、当店门里、七份头、四房四厢新屋里、大厅、四教堂新厅、邵永德堂、邵仁德堂、邵义德堂、柳店多姓合议堂、心灯故居、逸人故居、先得月、塘角里、职思居、旧屋来、光明、八字台门、石子明堂、大园门里、王姓门里、王姓书堂、故三层楼、下坑头、关帝庙、青龙佛堂、桥亭、外桥亭、大王殿、本经殿、义祭屋、下中间厅遗址、柳

三、"冠绝浙中"山水文化景观

嵩溪村地处嵩溪上游广阔平坦的谷地中，以溪得名，源头出于鸡冠岩的嵩溪，入村后分为明溪和暗溪两条溪穿村而过，终年溪水潺潺，在村南的桥亭汇成一流。村中700多

新屋里大厅

四教堂新厅

深山古村　诗画相传
——浙江省浦江县白马镇嵩溪村

徐氏宗祠内牌匾

徐氏宗祠内牌匾

店和义堂厅遗址等约43幢，共计1560余间，约5.46万平方米。

嵩溪古村的建筑有着很高的审美理念：路，溪石铺的路；木结构、砖墙维护的房。宗祠、台门、戏楼、大殿的雕刻、漆绘、彩塑，雅致清新，无不透出建筑艺术的神韵。名门富绅的清代老宅，青砖、粉墙、黛瓦，雅致古朴。各类建筑满布浮雕、楹联、名匾、石雕等，结构精巧，装饰别致，典雅壮观。

各家各户的宅院富丽雅致，门墙、房梁上都有绚丽的彩绘、壁画，奇花异卉、飞禽走兽，楼台亭阁、戏文人物，完整地反映了嵩溪的历史风貌、民俗民情、文化特色、生活习惯，其门楼的取名和建筑特色，充分体现了儒家文化的丰富内涵。

"保存完好，原汁原味"是嵩溪古村落最大的特色，中间青石板、两旁砌鹅卵石的石板路四通八达，百转千折，房屋的朝向与外

徐氏宗祠内牌匾

深山古村　诗画相传
——浙江省浦江县白马镇嵩溪村

徐氏宗祠内戏台

观也随之变换，整个村庄给人一种灵动的美。正因如此，整个古村落历经几百年的风雨，才得以完好无损地保存了下来，形成了规模庞大的古建筑群。

比较有代表性的为徐氏宗祠，徐姓乃嵩溪村最大之姓，徐氏宗祠建于清代中后期，由门厅、戏台、正厅、穿厅、后堂及看戏房组成，占地面积为900平方米，建筑面积800平方米。文革时曾作小学课堂，后又成为村老年活动中心。徐氏宗祠布局完整，保存较好，祠堂中古老戏台牛腿上繁复的雕花让人不得不赞叹古时嵩溪先民的精湛工艺。

邵氏宗祠外观气派，布局精巧，手工精细。特别是月梁、牛腿等部位的木雕造型多样，形式丰富，墙上的画题材多样，栩栩如生。

岁月荏苒，青山依旧，溪水长流，村落静默。古墙画作，厅堂牌匾，门楣古训，处处散落着文化的珠玑。嵩溪的山水，就因了文化而富有生气。时间仿佛在嵩溪停滞，村内所

戏台顶部

残破的旧宅

院内景物

马头墙一角

建筑内景

深山古村　诗画相传
——浙江省浦江县白马镇嵩溪村

心灯故居

见，到处是岁月镌刻的遗存，宋明清的建筑，民国的墙画，现代的诗文，800多年的村落历史长卷，就留在斑驳的泥石墙上，流在泛黑的瓦楞上，画在浸黄的房板上，刻在形状各异的窗棂上，铺在悠长悠长的小巷石板上，缥缈在徐氏宗祠、邵氏宗祠的香火缭绕中。

近日，打开浦江县的网站，又见嵩溪的消息，2014年春节期间，嵩溪一年一度的灯会又开始了：

正月初六：起灯。

正月初七：徐氏宗祠—青龙头—煤渣顶—柳店明堂—东坞口—黑猫山—秧田—上田。

正月初八：白虎头—徐氏宗祠—四房里—秧田—上田。

正月初九：上柳店—徐氏宗祠—亢禧斋—柳店明堂—和议堂—聚奎堂—七份头—邵氏宗祠—旧屋里—塘角里—孝友堂（新屋里）。

正月十五元宵节：徐氏宗祠—四房里—小厅门里—当店门里—秧田—上田—秧田—上田。

正月十六：散灯。

可惜，知之甚晚，错过了一场绝好的传统文化盛景。

斯宅千柱屋全景

朝夕相处　世代交织
——浙江省绍兴市诸暨东白湖镇斯宅村

我们和徽杭古道作别之后，沿着四通八达的高速公路，经杭州、绍兴，拜过大禹陵，两日不到，已达浙江的诸暨。看着"春风又绿江南岸"的美景从车窗外掠过，脑海中不禁浮现出在千回百转的徽杭古道上肩扛手提的古人，他们只为了一家一户的生存，而几天几夜艰辛地穿行奔波。世上不过数百年，这世界却换了人间，今天的徽杭古道业已成为一段拂之不去的历史记忆和人们闲暇之时的游玩之处。

为了看看隐藏于会稽山脉西麓的斯宅千柱屋，我们沿着山路绕过遍植香榧树的东白山，来到被诸暨人称为生命之水的东白湖畔，淡淡的雾，青青的山，绿绿的水，艳艳的花，山间的东白湖如一幅浓妆淡沫的水墨画。其实，这东白湖也只有几十年的历史，它是诸暨人建设的水库，今天却已成为诸暨地区又一处游玩胜景。

一、千柱屋的沧桑

从湖边开车下山，近半个小时后，眼前豁然一片山间平原。一条小溪潺潺流过。沿着小溪行去，一座长方形的巨宅映入眼帘，外观像是一个小小的山村，细看就只是一间屋子，只不过它的庞大已经超越了我们的习惯思维。听陪我们的斯姓后人说：这座房子有

朝夕相处　世代交织
——浙江省绍兴市诸暨县东白湖镇斯宅村

东白湖

尘封的古山庄
Chenfeng De Gu Shanzhuang

斯宅千柱屋正面

7400余平方米建筑面积，有32条弄堂、10个天井、36个小天井、8个四合院、118间房间、1200多根廊柱（据当地老人讲是999根），当地人称为"千柱屋"。

山间气候多变，刚刚准备好摄影器材，一场大雨滂沱而下，狼狈的我们只好先寻找食宿之处。绕过一座山岭，又让我们惊咤。四面环山，山坡上遍植香榧树苗，树上蹲着些许鸡。山腰，一片崭新平整的二层建筑，山底，一个小小的湖泊，里面游着许多水鸭子。一条平坦的柏油路从山顶直通山下的湖畔。沿途一片旌旗在风雨中摇曳。天珍农庄的招牌把我们指引到那幢建筑前面。

农庄的女主人，热情地接待了我们，得知我们的来意后，充当了义务讲解和导游。从她的口若悬河中，我们听到了千柱屋的传奇故事。

斯宅乡顾名思义，为斯姓之人居住之地。据载：古称上林，五代乾祐二年（949年）建上林院（后改称清凉寺）而得名。20世纪初（1912年）地方政府设上林乡及至道

朝夕相处　世代交织
——浙江省绍兴市诸暨县东白湖镇斯宅村

乡。1947年改称斯宅。1949年后，乡镇撤、扩、拼频繁，直至1992年5月，将斯宅、小东二乡合并成立为斯宅乡，后又归并为东白湖镇。

斯姓发祥地在浙江东阳。唐中和四年（884年）从东阳梵德村迁至诸暨上林（今斯宅），为上林斯氏开宗始祖，并一直衍生至今。斯氏自唐至今已50余世，历1100余年，可谓源远流长。现在的斯宅乡，是全国斯姓最大的聚居地。

千柱屋又叫"斯盛居"，始建于清嘉庆初年（1798年前后），为斯氏居所，因屋有千柱而得名，由当地富商斯元儒建造。斯元儒（1753～1832年），字翼圣，太学生，议叙登仕郎。据传，斯元儒与县内另一个大财主结亲比富，建造了千柱屋。另一种说法，他与强盗总头目有过一段奇特交情，得蒙强盗鼎力相助，建成巨宅……

雨过天晴。跟着农庄女主人，我们来到千柱屋。蛰居在大山深处的千柱屋，四周群山环抱，掩映在一片翠色中。雨后，山岩上随处可见奔流的瀑布；门前的上林溪，清可见底；溪旁，桃花、梨花遍开在春风里；孩子们在尽情地打闹，游客们三三两两、络绎不绝。千柱屋的粉墙黛瓦掩映其中，一派田园风光。

斯宅千柱屋

精美的石雕

千柱屋内景

眼前的古宅如同一个庞大的方形盒子，通面宽124米，纵进深60米，总占地面积约7400余平方米。斑驳的外墙，涂满浸透历史记忆的各种不同时代的标语，尽管残破不全，但是依稀可见当时的情景。该建筑分布5条纵轴线，3条横轴线，为庭院式组群布局。坐南朝北（略偏东），各纵轴线北端均设重檐式门楼，共5座，全系青石、砖雕制作，镌刻人物、山水图案，皆形象生动逼真，极其精美。正的厅门楼制作讲究，其门额以青石制作，上镌"於斯为盛"四字，为九重篆，取自孔子的《论语》，意为由此而兴盛，并且巧妙地将自己的姓氏

朝夕相处　世代交织
——浙江省绍兴市诸暨县东白湖镇斯宅村

千柱屋内景

千柱屋正厅后天井

融合进去，寓意深远。门额四周用砖雕人物、山水、龙凤等图案装饰。过门楼即为正厅，五架抬式结构。

千柱屋以正厅为中轴线，两侧分置8个四合院，辟10个天井，各院之间，以檐廊相通。整座建筑有楼屋121间。梁、柱、门、窗、墙均有装饰，规模宏大，颇具特色。正厅两侧分别设有"丛桂堂"、"双槐堂"、"福寿堂"、"仁寿堂"，均用青石镌刻堂名镶嵌于壁上。至今尚保存有"孝廉方正"、"彤管重辉"、"一枝挺秀之轩"、"石涧听松之馆"等牌匾。

千柱屋的木雕为典型的徽派作品，遍布于古宅的各处，尤以雀替和冬瓜梁上的雕刻为最佳，工艺细腻传神，笔法精湛。还有镶嵌于壁上的大型石雕花窗，亦是不可多得的艺术精品。正厅照壁上有"百马图"砖雕，总长7.04米，用21块长0.34米、宽0.30米的青砖浮雕拼幅而成，骏马坐卧行奔、或扬蹄或嘶鸣、或嬉戏或翻滚，千姿百态，无一雷同，神形逼真，刀功细腻。据说，当时的

千柱屋正厅后百马图天井

千柱屋正面门楼之一

千柱屋正厅

工匠半途而停,所以我们只看到53匹马。

百马图前,一位老妇人告诉我们,她是20世纪40年代嫁进斯宅。那时,百马图旁还有一棵老桂树。据她说正厅中间的木板隔开了生死两界,前面办喜事及年节家族聚会,而后面则是办白事祭祀祖宗的地方。当我们

百马图

百马图细部

朝夕相处　世代交织
——浙江省绍兴市诸暨县东白湖镇斯宅村

走进供奉祖先的房间，一派残破景象映入眼帘。

千柱屋里虽然各个家庭相对独立，却廊檐相接相合，互不隔离，像一座微缩的城池，走遍千柱屋的每一个角落可以"晴不见日，雨不湿鞋"。讲到这里，老妇开玩笑地说：听说，以前有户人家的牛从不出门放牧，天天就在这千柱屋里轮流吃各个天井里的草，竟然也养得膘肥体壮。如今的千柱屋各个院落内，居住着数十户居民。为了保护这所历史建筑，居民们对外墙、院落不予改造，而房间内却大兴土木，各种不同的居住风格有机地统一在历史记忆中。

二、笔峰书屋的故事

出得千柱屋，沿着山间小路，走到笔峰书屋。《光绪诸暨县志·坊宅志》中记载："笔峰书屋，在松啸湾之麓。襟山带水，曲折幽邃，门前曲池，红莲盈亩，夹路皆植红白杜鹃，月季玫瑰，桃杏梅柳，灿烂如锦，山上杂种松竹。有三层楼，朝揖五老峰。又有小池，水从石龙吻中喷出。林泉之胜，甲于一邑。"《志》中所载，现今大部尚存。书屋门前有盘槐两株，枝干老态龙钟，曲虬横卧，一若青狮，一若白象，皆为不可多得之古树名木，颇具观赏价值。屋前古木参天，均数百年物也，依然苍翠欲滴，生机盎然。

据介绍，斯姓族人经商致富后，在营造宅第的同时，大力提倡教育，以"培育人才，应国家桢干之用"。笔峰书屋、华国公别墅就是斯姓族人的学塾，为族内子弟专设的教育设施，正门的匾额还是清代经学大师俞樾亲笔题写。就是这个寂寞闭塞的山村，诞生

千柱屋正厅的日光倒影

康有为题字

了诸暨市第一所现代小学——斯民小学。斯民小学当初的匾额"汉斯孝子祠"是康有为所题。

笔峰书屋与千柱屋同时建造。教室设在楼上,据说早先没有楼梯,学生到教室上课须从竹梯爬到楼上,读书时则撤掉竹梯,直至放学。学生白天读书时是不许下来的,目的是让孩子们心无旁骛,安心读书。由此可见斯族先贤的良苦用心。斯家好学之风源远流长,每一房都乐意给学校捐资,连寺庙的财产也拿出来办学,学校经费很充裕,教师待遇比其他学校高得多。斯元儒建笔峰书院后,为使子孙读书时衣食无忧,置田数百亩、山若干亩为庠产(具体数目不详,仅嵊州一处就有庠产田300亩),以田租山花收入作为延师和助学之资。庠产还有另一部分

笔峰书屋外景

笔峰书屋正门俞樾题匾额

朝夕相处　世代交织
—— 浙江省绍兴市诸暨县东白湖镇斯宅村

斯民小学正门

笔峰书屋

华国公别墅全景

来源是每房祖先留下的产业，这些产业除部分用于祭祀外，均作为庠产。庠产收入一部分用作学校经费，一部分直接奖励学生。读初中一般每学年可享受上百斤谷子，考上高中奖得更多，考上大学奖给几亩庠产田的田租，供学生上学之用，毕业后田地由公堂收回。抗日战争爆发后，改为酌情给以适当的实物补助。斯元儒在宗族中的威望极高，他的后代一入校门就格外受到宗族的照顾。为让孩子安心读书，族中出钱雇了校工。午餐

朝夕相处　世代交织
——浙江省绍兴市诸暨县东白湖镇斯宅村

笔峰书屋二楼

斯氏古民居建筑群
华国公别墅简介

华国公别墅，建于清道光庚子年（1840），系后人为追念斯华国而建。据《华国公别墅碑记》载：斯华国，字维荣（1764—1825），平生克勤克俭，然终未竟业，为培育族人成才，欲建家塾，一生酷好读书，见文人极相钦重，其子志浦、孙源清承其志，建"别墅"，意为事死如生之义。建筑坐北朝南，共三进，总占地面积2806平方米。中厅名"思成堂"，为讲学之所，后厅设置家庙，供斯姓族人春秋祭祀之用。该建筑集学堂与家庙之功能，颇为少见。其布局因地制宜，轻盈活泼，装饰或木雕、彩绘，或石雕、砖刻，工艺精细，有独特的清代地方建筑风格，具有较高的研究价值。世守耕读传家，文风昌盛。在华国公别墅建筑群内，渴望知识的传统美德，历来崇文工艺精神，更可由此而窥于一斑。2001年6月25日，被国务院公布为全国重点文物保护单位。2001年7月公布为诸暨市文物保护单位。保护范围：东至瓜山麓，相距52米；南至小江贩水田，相距40米；西至上林溪，相距28米；北至斯宅乡政府南墙，相距108米。

诸暨市人民政府
二〇〇一年九月立

斯宅古建筑群一角

前，校工会到每个学生家里把饭菜收拢送到学校；放学时如遇到下雨，校工也会替家长给孩子们送雨具。正是斯氏先人的苦心经营，良好的读书风气得以在斯宅代代相传。就是在"读书无用"之风盛行之时，这个深山的小山村里，依旧是书香阵阵、书声琅琅。

在斯宅，同族子弟，不论富贵贫贱，学塾之门一概敞开，如功名成就，宗族予以奖励，反映在华国公别墅的"碑记"以及"别墅"讲堂内至今留存的多份《捷报》足见斯姓族人对教育的重视，耕读家风世守不绝，莘莘学子也捷报频传，人才辈出。建村至今，从斯宅村走出去及来往的各行各业优秀人才数以百计。

20世纪100年来，这里走出了儿童教育家斯霞，走出了学部委员、我国古生物学主要奠基人斯行健，走出了江南造船厂总工程师斯杭生，走出了为时人称颂的众多教授专家。

在斯宅，即使是家庭妇女也以读书为荣。著名儿童教育家、南京市教育局副局长斯霞在《我的教学生涯》中说，斯宅妇女"都有一定的文化知识，即使没有到外面求学读书，也能在家自学，人人都会吟诗做对子"。

20世纪末，一个偶然的机会，破烂不堪的千柱屋让时任浙江省财政厅长的翁礼华惊讶之余，清楚地认识到，这座在群山环

朝夕相处　世代交织
——浙江省绍兴市诸暨县东白湖镇斯宅村

抱中静静安睡了数百年的民宅，是一处掩埋在历史尘埃中的国宝，蕴涵着巨大的文物价值。"江南巨宅千柱屋"的神秘面纱终于被揭开。罗哲文、陈桥驿、阮仪三等专家闻讯先后专程到斯宅考察。2000年，以千柱屋为代表的斯宅古民居建筑群成为诸暨市文保单位，2001年又成为省级文保单位，2002年被批准为国家级文保单位。

尘封的古山庄
Chenfeng De Gu Shanzhuang

诒穀堂正门

青龙茜水　灵岩奇葩
——浙江省浦江县虞宅乡新光村朱宅

"南朝四百八十寺，多少楼台烟雨中。"几百年来，多少古建筑淹没在历史的风雨中，而灵岩古庄园却奇迹般地存留至今。

灵岩古庄园

建于清乾隆年间的灵岩古庄园位于浙江浦江县的西北山区虞宅乡新光村，是仙华山至马岭景区的必经之处。庄园四面环山，东有浦江绝景之一的朱宅水口、狮象守口、金鱼戏水和栖云洞，南有中华山、元宝山，西有红岩林场和马岭风景区，北有青龙戏茜水，成为浦江的一处绝景。"茜溪东水疑无路，折西倒流入壶江"，茜溪又把庄园与朱氏宗祠天然地分割为阴阳太极图。构成一种乡土的、自然的、历史的文化。

择吉而居，天人地合一是灵岩古庄园的创始人朱可宾（灵岩公）建造此庄园的原意。从庄园建成始，数百年来，朱氏人才辈出，

青龙茜水　灵岩奇葩
——浙江省浦江县虞宅乡新光村朱宅

经久不衰。

距今已有260余年历史，总面积1.5万余平方米的灵岩古庄园是浦江在清朝中后期儒家文化的次中心，时称"金华第一村"，现为"市级文物保护示范村"，省历史文化名村。

为了更加完美地展示灵岩古庄园的精髓，我们一年内两赴仙霞。在村长和乡书记的带领下，村口的古桥，村中的古宅，及深藏在村民杂物间的古井，都一一被摄入我们的镜头中。

一、木材商人的抱负

新光村的历史，可以追溯到北宋年间，浦阳朱氏始祖朱照太公，从婺州通判致仕后，定居县城西街。第十三世孙朱胜，于明朝洪武二年（1369年）迁居茜溪上宅。清乾隆元年（1736年），第二十三世孙朱可宾（即灵岩公）开始在杭州、湖州一带经营木材、靛青染料和茶叶生意发迹，二十余年后富甲一方，号称"朱百万"，曾拥有三十六庄（现仅存横街解放西路31号"文学名家"和桐庐姚村、梓州等庄园）、七十二埠及马岭至芦茨的山林。每个庄园都有上百亩耕田，其中富阳市最多。

灵岩公发迹后，路遇风水先生选定宅基，始建"朱宅新屋"。乾隆五年（1740年），灵岩公举家迁至应家畈"诒榖堂"，即廿五都朱宅新屋，时称灵岩大庄园，民间俗称廿五都朱宅新屋。

诒榖堂大厅

祠堂内牌匾

经商起家，富巨一方的灵岩公，重仁义，重育才，捐资修筑马岭路、瞿岩岭路、狮子岭路、凤坞岭路、洪岭溪桥、镇东桥、浦江学宫、浦阳书院、金华府学等，并开展赈灾济贫、焚券免债等活动。他不仅留下眼前这些有形的物质遗产，更为后人留下了更加珍贵的精神文化遗产。朱可宾曾于乾隆十年（1745年）在家乡创办免费学校，造就众多莘莘学子，开创一代"耕读之风"。为此，乾隆封赠其为国学生，其妻金氏亦被浩封为安人。

为激励子孙好学上进，灵岩公提出，凡考取秀才者奖银四百两和良田二石。他临终时遗嘱捐杭坪义庄108亩良田，庄屋五间，园地四分六厘，以每年的租息资助全县乡、会两试。县内受过灵岩公资助或奖学的人才无数。提督学院王杰送来"泽洽胶庠"匾额，金华知府杨志道赠给"惠及儒林"匾额，浦江知县薛鼎铭、金华知府凌广赤、张鼎治赠给"奇英重望"、"维持教育"匾额。受过资助的举人薛砚封写对赠楹"积公累仁留名乡国，继志述事为贤子孙"，赞颂灵岩公为家乡教育文化的发展作出的巨大的贡献。

青龙茜水　灵岩奇葩
——浙江省浦江县虞宅乡新光村朱宅

二十九间里之一

木雕

灵岩古庄园建筑一角

二、传统古建筑中的奇葩

新光村旧称"廿五都朱宅新屋",原有古屋25幢,现今尚存16幢。这些建筑构思独特,规划气派,匠心独具,将花园、住宅、道路、排水、绿化与建筑、雕塑艺术完美结合,可谓传统古建筑中的一朵奇葩。村里的石子路、石板墙脚、石板天井、石窗架、石门架、石门槛、石爽子、石转角、石用具到处都有。四进大厅堂、四码头、六码头、八码头,层层攀升。六幢66间厢房,呈井字形排开;尖顶、圆顶、码头顶;方窗、圆窗、六边窗;巷门、台门、门牌坊;三间井、七间头、十三间头、廿九间等三合院、四合院,交相辉映,构成一座高档次、高品位的古民居博物馆。

穿行灵岩古庄园,随处可以触摸中国传统文化的诸多细节,从每一座门厅到每一道额坊、每一根石柱到每一块砖头,各种雕刻细腻地装饰着古山庄的角角落落。历经数百年的沧桑,它给我们不单是怀旧感,更是赏心悦目的审美愉悦感,让人们经受伦理学、民族学、建筑学和美学的沐浴……

诒穀堂正门石雕

青龙茜水　灵岩奇葩
——浙江省浦江县虞宅乡新光村朱宅

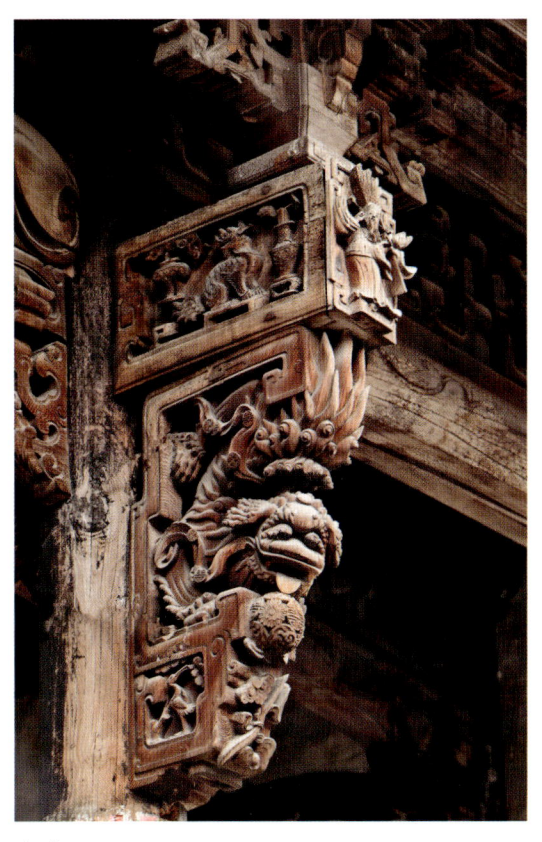

木雕

从诒榖堂内看砚池、四间头、元宝山

诒榖堂：高达三丈三的大厅门牌坊上"南极呈祥"及有关图案为磨砖砖雕，顶端由泥塑烧制的洋葫芦居中，两边分别立有鳄鱼；下端衬以"鹿含仙草、喜鹊登梅、麒麟奔放、八仙过海、天女散花"等浮雕。厅堂牛腿有雄狮滚球、狮子母子、人物牲畜，采取大气的徽派雕刻，墙壁雕梁画柱，艺术砖窗构思巧妙。中厅为"诒榖堂"，有新娘验小脚的60厘米高的石门槛。东西墙原刷有两块统长黑板，并写有"礼、义、廉、耻"四个大字。三厅曾立有各级官员赠给的"惠及儒林"、"七叶衍祥"等多块褒奖牌匾。厢房由开创者朱可宾的灵岩故居和读书房、练功房、钱库房、三会房和礼仪房组成。六幢厢房与厅堂共78间房子构成为金盘里，取其面对元宝山，喻意为财源滚滚来之意。

厅前有一长方大明堂（意为纸），前有砚池（亦称镜池），再前是四间头——长庚居（意为墨）和菜园，当时种有一株大松树（意为笔），再前是读书园，由德道仁池和花坛组成。传说无论何人站到明堂，让镜池照一照，就能分清好歹，也敦促读书人成才立德。堂屋清秀整洁，典雅庄重，虽然是富贵人家，但处处显示出富而不奢，贵而知礼的风格，这是庄园主人亦商亦儒的传统

尘封的古山庄
Chenfeng De Gu Shanzhuang

砚池及四间头及远处的元宝山

二十九间里之二

门窗装有抽板，通风、启亮方便，窗门、窗花做工精细，铜制圆拉手、方拉手小巧玲珑、美观漂亮。

润德堂边嘉庆年代修建的"痴泉"，是个月亮形的水井，建有十几步石板台阶，可直接走下去挑水，名字虽不太雅观，其意却是永不断流，几百年来，无论什么大旱年代，也从未干涸过，一直默默地为村民提供清澈的泉水。今天，这眼井却默默地沉睡在农户的杂物间中。

"敦睦堂"是一座八间八弄的小四合院，是目前留存最精致的昆山公故居，房子主人是当时建造灵岩大庄园的总管。四周门窗都有木雕，且艺术造诣极深，凤凰如活、静物似花；铜制拉手造型独特、结实耐用；石板天井、青苔斑斑，讲述着远古的故事。

"昆山书房"为三开间小院，东侧伴有"儒林园"，台门留有古老的铁拉手和铁门管，楼下中间墙由鸡蛋清、桐油和石灰混合后粉刷，并划有格子，至今光滑如初，且有立体感。楼上有壁画、门窗有雕刻，蜘蛛、蜻蜓、蝴蝶等昆虫与花草和谐共处，活灵活现；古火炉坐墩、木漏斗、竹篮精致绝伦。

260年前建的古三层楼巍然屹立，门窗拼雕、石板埂沿完好，鱼池古老、花缸精美。该楼因从前养有红金鱼而称美鱼楼，当时附近村民、小孩都会经常赶来观鱼。后该楼主人生了几个漂亮的姑娘，又称其为"美女楼"。同治元年（1862年），朱学交之妻薛氏，带着女儿回下薛宅娘家，路遇贼匪，仇恨涌

体现。

单幢古屋最大的廿九间里，气派漂亮，砖雕"北极呈祥"熠熠生辉，另有两个小台门各有特色，其中南面设了一个"水门"，以镇住火龙而消灾，东面墙上设有方窗、圆窗、六边窗，妙趣横生；楼下回廊设有多个围门，上装粗犷木雕，楼上也有回廊。三间厅的润德堂居中，门顶"宜俭宜勤"为家训，两个大天井相隔，四周成为住房，六扇全堂门，

青龙茜水　灵岩奇葩
——浙江省浦江县虞宅乡新光村朱宅

桂芳轩

膛，携刀杀贼，劈死匪首，但自己及女儿也命归黄泉，为此，浙江巡抚左宗棠奏请朝廷礼部赠给"钦旌节孝、凛冽常存"的牌匾。因此该楼还称为"烈女楼"。

桂芳轩，坐北朝南，正房五间，东西厢房各二间。正房明间五架抬梁式梁架，前檐单步成廊，五柱落地，东西厢房走廊设一级台阶，具安全防范作用。台门门额横书"守拙园田"四字，教育子孙不要傲气凌人，要谦虚做人。天井内曾植有一株大桂花树和两株石榴树，现仅存石榴树。院子内散落着练功石墩、石锁、两头矩，练出了朱绍粟、朱宗考父子两代武秀才，浦江有名拳师杜亦勇曾拜朱宗考为师，传说他们能飞檐走壁，名噪一时。桂芳轩南面院墙上题有嘉庆七年（1802年）农历九月十八日由南屏松竹友人所题的张若虚《春江花月夜》及李白《春日醉起言志》诗两首，书法精湛。桂芳轩门边及整个庄园的路边仍存有六座古代路灯灯龛，又传说内有浦江最豪华、价值几十万元的古花灯，从一个侧面反映了当时的辉煌。

"种学园"是大房祖先读书散心的地方，由一座两面朝向的五间两层楼和花坛、荷池组成。竹溪先生朱其追为太学生，经史子集无一不览，爱书如命，其后代有20余名秀才、太学生，可说是文风鼎盛。重修金华府学时，朱其追捐金640两，金华郡伯严少峰（知府严荣）先生奖给"义崇簧序"匾额，并曾树过牌坊。

"明哲园"取"为人处世明哲理"之意，又称百草园。由尖方池（亦称盾矛池）和花坛组成。内有一口三角形池和一口长方形池相连，据说园内有百余种中草药，可随时采集为民治病，东边建有骏马房，据说当时拥有骏马八匹，威风凛凛。

"儒丰居"由五间四居头、立考亭、坦途和花坛等组成。其用意是"莘莘学子儒丰居，但求功名立考亭；学海无涯勤是岸，望子成龙坦途上"。据说当时县内外学童都愿来儒丰居"过堂"（求学），得到该村名师指点，都能考中秀才。朱可宾当年在此创办免费学校，建立教育奖励基金，重教助学之风长达200余年。

镇东桥，位于村庄向南大约150米，东

青龙茜水　灵岩奇葩
——浙江省浦江县虞宅乡新光村朱宅

西走向横跨于茜溪上，该桥为单孔石孔桥，通长26.28米，桥面宽3.35米，拱跨11.3米，高5.2米，拱券用条石纵联砌置，东西两端各施踏跺十五级。在桥北侧溪岸上留存古树两株，分别为130年的杭州榆和220年黄连木，枝繁叶茂，见证着古村的兴衰。

镇东桥

三、传承经年的民风习俗

灵岩古庄园除了2万平方米、20座古建筑外，还留下了活跃至今的灵岩板凳龙、浦江乱弹（一种古老的当地曲调名）。每到元宵节，村里的男人们，围着老房子、古巷子舞起灵岩太平龙，唱起古老的"乱弹"老调，仿佛回到了那个久远的年代，特别有着异样的感觉。

朱氏过春节的年夜饭不同于一般地方的年三十晚饭，而是年三十的早饭，称为"开门福"，谢年越早越好，新成家的人家则更要赶早，所以在每年年三十凌晨一、二点钟就已有鞭炮响起。谢年时，家家户户都去厅堂祭拜。到了正月十二、十三则要接祭胡爷爷（胡则）。村民在正月里的娱乐活动主要是执事、迎龙灯和桥会等。据载，灵岩公收留乌儿山黄姓、楼姓始祖，帮助其成家立业，此后黄、楼立下规矩，让世代子孙在每年正月初二来诒穀堂拜祭灵岩公，时间长达二百来年。

这里的户主依然一代延续着一代，只是真正住在这里的朱姓族人逐渐稀少，外姓的租客越来越多。我们发现，在以水晶制作为特色的浦江，今天的朱宅已然成为水晶的加工场。桂花轩的院落里，我们在与村长和乡书记的交谈中得知，当地政府已经认识到这座古庄园的价值，正在着手进行治理。不久的将来，越来越多外来游客在走进灵岩古庄园时，一定也会感受到她的古朴和魅力。

行走在朴素古老的庄园里，时间仿佛变得缓慢，阳光显得分外灿烂。看着杭派与徽派结合的建筑，思绪不自觉地放飞，内心充满了快乐和满足。这也许就是灵岩古庄园最神秘、最吸引人的地方吧。这座江南"乔家大院"带给我们的，绝不仅仅是传统的文化和历史，还有难得一觅的简单生活、惬意心情。

村中唯一留存古迹——世德堂

一门忠烈　世德永传

——浙江省兰溪县黄石镇三泉村世德堂

世德堂大厅、庭院

浙江省兰溪县黄石镇三泉村，乃浙西山区普通村庄，若非孑然孤寂的"世德堂"耸立路边村口，行人大都不会在此停顿，三泉村也不会闻名于世。三泉村的古建筑为何仅存世德堂，虽有说不清、道不明之历史缘由，然惟此堂之存，无论偶然抑或必然，说明一点：煌煌数千年中华传统文化，决不会因岁月荏苒、天灾人祸而泯灭。

传说古时村中有赤白泉眼三口，以此名之"三泉村"。南宋淳熙八年，齐鲁唐氏，迁居于此，生息繁衍，终成望族，故村以"唐"姓为主，遂成血缘聚居村落，世称"文武世家"。三泉亦因"世德堂"于1997年被浙江省人民政府定为省级文物保护单位。

世德堂虽历经岁月风霜，但仍用它浑厚质朴、精致庄重的建筑特色和富有传奇的人

一门忠烈　世德永传
——浙江省兰溪县黄石镇三泉村世德堂

物故事，诉说着一部延续八百多年的家族史，滋养了一代又一代的唐氏子孙，经宋元、历明清，世代为宦，忠奸善恶，各有所见，俨然一部中华传统社会的官宦史，恰如厅堂立柱楹联所撰："宋元忠义昭示日月，明清科甲威震乾坤"。

一、世德堂的建筑特色

据谱载：世德堂乃为三泉唐氏后裔唐元章、唐良嗣两位南宋抗元名宦而建。南宋德祐二年宋元之战，二人率部，大败元军于兰溪黄滋滩。为此，朝廷特加封唐元章为朝请大夫，命知严州；加封唐良嗣为阁门宣赞武翼将军、江淮闽浙都统兵马使。两年后，二人分别战死于龙游白云寺和江山仙霞岭。丞相文天祥闻此，凝神泣书二匾——"正气千秋"、"武翼将军"，褒奖元章、良嗣。二匾至今高悬大厅，也是世德堂最有分量、最值得称颂、最为炫目的镇堂之宝。

文天祥亲撰两匾

跨进世德堂门槛，使人惊愕不已的并非堂之破损，而是包括文天祥所题两匾及挂满厅堂的各年代、各样式之匾额：

"翰林学士"，匾主为宋代天圣朝翰林唐满；"温国公"，匾主为宋朝户部侍郎唐恪；"成忠郎"，匾主为宋朝邓州都司唐尧卿；"状元及第"，匾主为明朝嘉靖庚戌殿试第一甲第一名、状元唐汝楫。

还有数十块白底黑字、各色字体匾幅，这是在那"横扫一切"的年代，原匾在付之一炬前，被村中一位无畏老人，趁着月色，潜入堂中，抄录留存。"拨乱反正"后，村民恭请高人，虔敬再书，重悬于堂，故为一色白底黑字，得以重见天日："太师"，匾主为宋代右班殿直赠太子太师唐拱；"进士"，匾主为元至正朝江西仁和县丞唐元嘉；"科甲联登"，匾主为明洪武朝嵩县东流知县；"贡元"，匾主为明天启朝直隶永平府学博唐公缙；"冬官"，明嘉靖丙戌钦榜进士钦取工部主事进升员外郎唐仁；"贤良方正"，匾主为明崇祯朝江西彭泽知县唐邦契；"岁进士"，匾主为清顺治朝余姚、奉化儒学教谕唐士佳；"岁进士"，匾主为清康熙朝四川峨嵋知县唐云

一门忠烈 世德永传
——浙江省兰溪县黄石镇三泉村世德堂

芝;"同怀登俊",匾主为清乾隆朝苏州吴江知县唐象发;"品学兼优",匾主为清道光朝贡生唐学善;"淳史书名",清咸丰帝恩赐唐鹤楼;"兄弟联芳",匾主为清咸丰朝候选训导唐志韩、刑部员外郎唐志欧……

世德堂是当地最具宋元风格的木构砖瓦建筑。现存砖雕门楼为明嘉靖年间建造,四柱五楼牌坊式,楼脊有宝瓶、三戟、狮子和鱼龙吻兽等吉祥饰物,正楼下书"东鲁"二字,意为不忘山东先祖,额枋上有高浮雕的

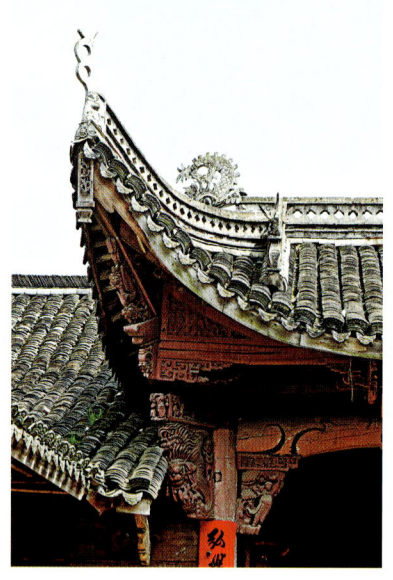

院内戏台左檐　　　　　　　　　　　　　　院内戏台右檐

双狮戏球、麒麟、牡丹等，各檐出挑仿木五踩计心斗拱，共十二攒，部分施象鼻昂，拱眼壁等处有彩画。楼下为石库门，有泡钉，两旁设抱鼓石和旗杆石。

世德堂成三进两天井合院式，依次有照壁、门楼、门厅、正厅、后厅、厢廊、夹弄等组成。门厅面阔三开间，进深九檩。明间用抬梁式五架梁；次间抬梁穿斗混合式，砖制仿木梁架。明间后檐，在清道光二十年拆改，出单檐歇山顶固定式。

前檐柱头和补间，出单抄双下昂，六铺作共十朵，其中补间各两朵，单材重拱计心造，昂为琴面昂，整体与宋元官式做法相似。但补间铺作无后尾，显然以装饰为主、受力为辅。

前廊五檩，用覆水橡，梁架为抬梁式结

一门忠烈　世德永传
——浙江省兰溪县黄石镇三泉村世德堂

堂内祭祖灵台

无处不显精雕细琢

一门忠烈　世德永传
——浙江省兰溪县黄石镇三泉村世德堂

构。单步梁、三架梁和五架梁，均为扁作月梁造。梁头无雕饰，梁柱节点处，用足材丁头拱、骑栿拱，顺檩方向出三挑足材，坐斗下用驼峰。内槽七檩，明间抬梁式结构，三架梁、五架梁、七架梁，互相叠加成"三叠梁"。七架梁插入前后金柱栌斗，栌斗用圆形，出十字拱、蝉肚替木等，承托梁栿。所有梁栿间，均用骑栿拱（十字拱）承托。次间山缝抬梁穿斗混合式，中柱落地，两旁用单步梁、双步梁和三步梁叠加，风格与明间梁架取得统一。

后廊用单步后檐额及内额，施一斗九升的扶壁拱和襻间拱。除西次间前廊，有石柱两根外，均用木柱。梭柱明显，明间檐柱、四金柱，为鼓状柱础，其余为礩形柱础。

根据世德堂正厅大木分析，专家断代为元末明初建筑，后厅为清末添建三间两搭厢式。正房为重檐楼屋，楼下明间抬梁结构，每间用四扇五抹隔扇门，前廊出三檩，青石抹角方柱。四只人物、动物牛腿，为近年被盗后重新复制。两次间梁架与山墙间，有木梯可登楼，楼上草架，用七檩。前檐有朴素的壶嘴形撑拱，后厅存有供奉祖先牌位的神橱，小木作较为考究。

院内有戏台，檐下撑托狮子牛腿，戏台正对大厅，两旁用厢廊各三间，围合天井。

正厅面阔三间，进深三间，用才粗壮，结构奇巧，当地有民间小皇宫之称。

二、世德堂的人物故事

唐恪：宋朝人，曾任户部侍郎，敕封温国公。唐恪虽入机枢，但唯唯诺诺，官声不佳。然因徽钦二帝北掳后，金人强行组建傀儡政权，组阁时，将唐恪之名列于阁僚之中。唐恪得知，以此为奇耻大辱，身为宋官，岂能身倚伪官之列！虽为庸官，但民族气节犹

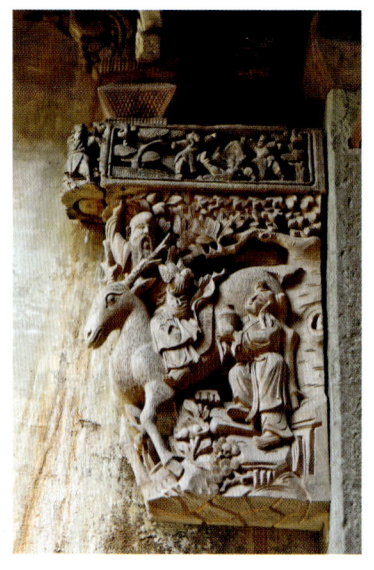

一门忠烈　世德永传
——浙江省兰溪县黄石镇三泉村世德堂

存，毅然"仰药自杀"，以示忠诚。这一举动，为唐恪赢得"忠义之名"，而得时人、后世之美名。此举载入《宋史》："金人逼百官立张邦昌，令吴开、莫俦入城，取推戴状，（唐）恪既书名，仰药而死。"

唐恪有子曰唐介，字子方，皇祐中以言事切直，贬春州别驾。已而仁宗感悟，贬未至而复用，唐介是以忠直闻天下。神宗朝，

133

任参知政事，数与王安石争论，愤懑而卒，谥"质肃"。神宗擢其子唐淑问为御史，亦甚有直声。故其世代深受皇恩，忠直勤政，不畏权势，为士林表率，声闻朝野。

唐龙：字虞佐，明武宗正德三年进士。唐龙为官正直，扶持正义。任郯城知县时，有大盗刘六，屡犯县境，唐龙力败之，乡民得免屠戮，朝廷为此加俸二等；不久，征授御史，出按云南，又擢陕西提学副使，迁山西按察使，召为太仆卿。嘉靖十一年，陕西大饥，乱甚，诏晋唐龙为兵部尚书，总制三边军务，兼理赈济，赍帑金三十万以行，赈济庶民。其间出纳清晰，钱财分毫不入私囊，甚得清廉之誉。唐龙曾奏行救荒十四事，重用总兵官王效、梁震，数败敌顽，屡被奖赉，旋召为刑部尚书。其间，严以律法，以正国是，考尚书六年满，加太子少保衔。以母老乞归侍养。后又起用南京刑部尚书，改吏部、兵部尚书。太庙成，尊太子太保。唐龙有才，居官著劳绩，遭诬陷，黜为民，其时已疾甚，舆车未出国门即卒，呜呼，天可怜见之。

唐志欧：清代仕宦，即匾额"兄弟联芳"之兄，官居刑部郎中。此人虽为朝官，品行甚劣，无恶不作，为害一方。同治二年四月，都察御史左宗棠为此参奏，同治皇帝御批：交左宗棠"从严按律惩办"、"先行革职，审讯等语"。此事，在《清实录》中有详细记载："浙江兰溪县在籍刑部郎中唐志欧，平日倚势欺压平民，无所不至。本年二月间，复诬民人吴和君，窃伊洋烟，掳捉拷诈，并将吴姓田产契券，偪勒交付。复有诈勒唐姓财物，及药店洋银之事。种种凶恶，实属衣冠败类，若不严行惩办，何以安良懦而儆凶顽！唐志欧，著先行革职，交左宗棠查明劣迹，从严按律惩办。"

山村祈盼　长发其祥
——浙江省武义县大溪口乡山下鲍村

浙江省武义县大溪口乡山下鲍村，地处括苍山脉群山环抱之中，四面环山；"金溪"与"岗坛涧"分别自北往南汩汩而来，汇于村北，然后向南，呈S形从村中贯穿而过，注入宣平溪，故此地亦称"双溪"，属瓯江水系。溪傍水街，各色民居，夹溪而建；黛瓦粉墙、马头耸立、天井围廊、厅堂楼阁，完好保存古村原始生活状态。古朴淳厚，青山怀抱，溪水淙淙，翠色掩目，安谧静幽，世外桃源，为浙皖山区传统民居之典型。

1934年10月，著名建筑设计大师梁思成和夫人林徽因，来武义宣平考察，曾给山下鲍村极高评价，留下珍贵的照片。

据说，此照乃梁思成当年所拍，摘自《中国建筑史》

尘封的古山庄
Chenfeng De Gu Shanzhuang

数年前，中国美术学院蒋伟华教授造访山下鲍，赞叹："到过无数的古村落，最打动我的便是眼前的山下鲍。这里幢幢依山傍水而建的民居，村民的言行举止，真正构成了一幅完美的原生态的山村民居图。"

山下鲍村早先因鲍姓山民居多，而得其名；但其兴起、发展和繁盛，则得益于涂姓家族，直至今日，山下鲍仍以涂姓居民为多。据《双溪涂氏宗谱》载，清雍正年间，涂氏先祖涂国文，从福建长汀来双溪水卜弄村，与梁姓女子相识，入赘为婿，后迁居山下鲍，以种靛青为业，家道中兴，繁衍成族。清中期时，涂氏家族靠种植、经营桐籽、靛青、菜籽油、木材等山货，终成巨富，买田租佃，田产达宣平、丽水等地。据传，山下鲍繁荣鼎盛时期，每逢秋后，各地前来交租的佃户，须排长队，绵延数里，人声鼎沸，好不热闹。村里南北货、药材、肉铺等商铺，生意兴隆，行商延至方圆数县。

一、山下鲍的民居

山下鲍村现存历代建筑三十一处，其中清代二十八处，民国三处，以民居为主，兼有祠堂、桥梁等，多数古宅已有三百年历史。山下鲍民居，屋基大都以卵石砌置，再筑以泥墙，覆以黑瓦，故有"卵石之村"的美誉。村里道路亦为卵石铺成，与路两旁屋基

山村祈盼　长发其祥
——浙江省武义县大溪口乡山下鲍村

所垒砌的卵石，互相映衬，相得益彰，独具风格。

山下鲍古宅，山墙大都耸以马头，数量一、二、三不等，视宅主地位、财力而定。宅院多为三合院或四合院，一般为两层，天井宽敞，四围建有水槽，以应"五岳朝天，四水归堂"之说，而其实用之处，则既可排水通淤，存积雨水，又可作浇花养草、防火取水之用，可见古人早具环保、生态之意识。

山下鲍的古建筑注重装饰，在梁、枋、楣等显眼处，均雕有人物、花草、瑞禽、祥兽等物，门窗雕刻极为精美。院墙檐下绘有壁画，题材广泛，表现手法生动活泼，充分反映村民的文化取向、审美情趣。

山下鲍现存的古建筑，虽已破败，有些甚至倾圮过半，

古宅正屋和厢房的前檐梁柱之间，均设牛腿（即为梁柱间的支撑物，俗称"牛腿"）承托，既增梁柱间的承受力，又可适当延长屋檐，使之外挑。如此，梁柱、翘檐、牛腿，三者共同组成一幅完美的古建筑外形图，既美观了屋舍的外部形象，还解决夏季阳光直射和雨水侵袭诸多问题，如此屋舍构建形式和建筑特色，正是武义南部山区民宅建筑的典型之作。

涂氏宗祠一角

山村祈盼　长发其祥
——浙江省武义县大溪口乡山下鲍村

然犹"虎死不落架",其形体外貌、建筑布局、雕刻工艺等等,仍一览无遗地显示着中国传统建筑理念的博大精深和古居往日的辉煌显赫。

涂氏宗祠:位于山下鲍村南端水口,建于清嘉庆六年,坐南朝北,傍山而起,前低后高,系由前厅、后厅、两侧厢房组成的四合院建筑。祠内上、下檐均设牛腿,承垂莲柱,托挑檐檩。上檐柱之间有花窗,窗下为板壁。下檐有天花,前檐采用月梁形额枋,枋面为浮雕双狮戏球、方云纹,梁底雕花草。后厅

位于村口的"涂氏宗祠"

面宽五开间，进深九檩，天井为卵石铺就。1998年12月7日被武义县人民政府公布为县文物保护点。

涂氏大厅：建于清代乾隆年间，坐北朝南，三进二井，由门厅、中厅、堂楼用两侧厢房组成，地势依次抬高。门厅为二层，面宽五间二弄，进深五檩，地面卵石铺设。中厅面宽五

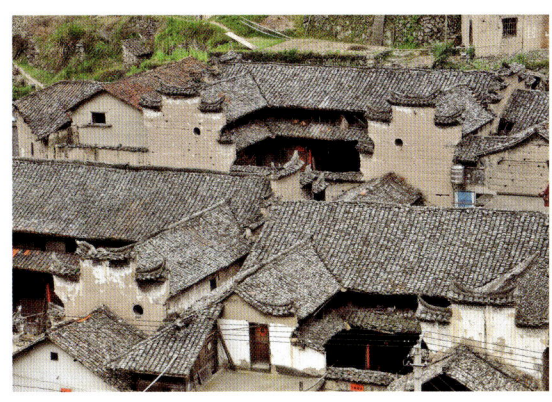

山村祈盼　长发其祥
——浙江省武义县大溪口乡山下鲍村

且破且大气着

开间，进深九檩。堂楼亦宽五间，二层，进深七檩，明间用四柱，后间设太师壁，供奉香火，两侧厢房若干间，均为二层，进深五檩四柱，柱础有鼓形、硕形、鼓形上下雕出入瓣纹三种，前后天井卵石铺就。

树德堂：建于清代，坐东朝西，三合院式，北侧有附屋。正屋、厢房前檐均用牛腿和叠斗托下檐。正屋面宽五开间，进深七檩五柱；底层前檐设廊施月梁，廊两侧设边门，明间后金柱间设太师壁，壁两侧设小门，楼栅下浮雕八仙、凤凰、福、禄、寿、花草

家政维修　　　　　　　　　　　　　　　　　　　　　云蒸霞蔚

青峰远映　　　　　　长庚映瑞　　　　　　长发其祥

等,天井细卵石铺筑,有鱼纹、波浪纹和铜钱纹饰。院墙有墨绘云纹、花草、鲤鱼、瑞禽、水波,及壁画,大门上方石匾刻"长发其祥",内侧行楷墨书"青峰远映"。硬山两坡顶,四花山墙,板筑泥墙。

此外,山下鲍村还有许多宅院,虽破旧颓败,残梁断瓦,已无当年辉煌之气,但从院宅布局、气度,留存物件之精细,仍然可见昔日主人之气派、雍容与豪华。

山下鲍尚存古屋虽然破旧,去过该村之人,但凡留下的深刻印象,除此之外,则是无论在这些破旧的门廊上、厅屋内,还是屋檐上、照壁上,渗透出浓浓的中华传统文化之韵。在山下鲍的古屋中,到处都能看到残留的各种石刻、砖刻的题字,从中诸如"以思乃身"、"和由甘受"、"耕读传家"、"家政维修"、"长发其祥"、"青峰远映"、"长庚映瑞"、"云齐霞蔚"……这些篆刻文字,反映主人极高的文学素养和情趣,展现其文化取向、审美价值和教化意识。当地有一俗语:"白天一把锄头一双箸,晚上困觉想想别人想想自",这种朴素无华、生动形象的民谚,传承着孔子"吾日三省吾身"的儒家思想。

二、山下鲍的路桥、庭院

金溪桥,建于民国,采用大小不等卵石,斜置错叠,砌成单拱,三五石板,铺就桥面。桥名典雅,模样却如山民一般敦实。金溪桥传承了中国传统造桥之术中的经典技艺,桥连溪涧两岸,已成村民休憩佳所,或响午之前,或傍晚时分,桥上石栏,或休闲老人,或幼稚儿童,围坐玩耍,倍增和谐祥和之气。家长里短、村闻乡事,谈笑自若,那份轻松惬意、逍遥闲适之情,全都沉醉在阵阵微风、潺潺水声中。

山下鲍村原来的道路,大都用鹅卵石铺就,房前屋后,墙脚水沟,晒谷场,空闲地,也都铺了鹅卵石,而且都按精心设计的花纹

山村祈盼　长发其祥
——浙江省武义县大溪口乡山下鲍村

图案铺设，随着年代久远，日晒雨淋，其卵石之间的空隙处，长出密密的苔藓，衬着青灰色了卵石，显得格外和谐、典雅、大气，仿佛一幅幅精心绘制的图案。

遗憾的是，前些年，看到邻村纷纷修筑水泥路，不少村民将原来鹅卵石铺就的河堤道路，改浇成了水泥路，反倒与村景不相映衬，显得不伦不类，大煞风景。

三、山下鲍的名人

山下鲍村村民，历来以耕读为治家兴族之本，勤俭为上，注重教育，族中常年聘请名师来村教子孙，学文习武。据传，山下鲍于清代，有秀才四十八名，太学生等二十多名。祥和温馨，致使子孙繁衍、生活兴旺。

金溪桥

乡绅涂德贤：平生敬老爱幼，教子有方；守法安分，乐善好施，捐资路桥，济困扶贫；品行端正，乡邻和睦，排解民忧，息事宁人，深受乡邻敬仰。时有子四人，孙十五人，曾孙十五人，元孙一人，子孙承宗，共计三十五人，七代亲见，五世同堂。清道光六年七月二十四日乡邻选代表具结上报恳请旌扬，表彰涂德贤。处州府宣平县具结上报，请旌表彰，经浙江巡按、布政司、礼部逐级请旨，

143

于道光八年五月二十三日，奉旨赐给"五世同堂"、"七叶衍祥"字样匾额，九品顶戴，并赏给缎匹银十两，终成涂氏家族、所处府县之荣耀。

村之名医涂光芬：相传为悬壶济世之神医。涂光芬于光绪十二年生，自小聪明好学，少年学医，穷研"内经"、"脉诀"、"瘟病"等经典中医著作，专攻中医儿科，对"痧"、"麻"、"痘"、"疹"有精辟见解和医疗经验，可谓手到病除，成一代名医。家中开药铺，常年奔波方圆二三十公里的山间村舍，为民治病。其为人宽怀仁慈，慷慨大方，凡遇贫户，无钱抓药，少收药资，乃至不收。若遇痘疹大发年间，便自家煎熬膏汤，供无钱购药的农户孩童服用，乡民对其十分感激，交口称赞。1954年涂光芬已过花甲，积极响应"公私合营"号召，省府特发中医行诊证书，设立中医诊所，造福乡里，连续当选为宣平县第一、二两届人大代表，为山下鲍之骄傲。

四、山下鲍的民俗

山下鲍之传统民俗丰富，历传"造火亮"、"跳马灯"、"三元宫祈雨"、"认石为父"、"以樟为母"等。

"跳马灯"：是山下鲍村春节传统活动之一，由众多青少年分别扮演"王昭君"、"汉宫娥"、"马保"（即马夫）、"番官"（指当年匈奴官员），其中王昭君、汉宫娥均由男性青少年反串演出，着古汉宫女装。另配有抬高轿、乐队诸人，通过一系列舞蹈动作和演唱，演绎《昭君和番》故事。

"造火亮"：须上溯到始祖涂国文，当初刚到水卜弄村时，此地深山狭隘，小溪两岸山岩陡峭，山林蔽日，野猪出没，间闻虎啸，人畜因此常受惊吓。于是村民砍取"松明"引燃，既能取亮，又能驱赶山兽，确保人畜平安。后来，村民把这种"松明"劈成小块，将众多"松明"放在泥瓦上点燃，逐渐加添，持久不灭，村民称此为"造火亮"。涂国文迁居山下鲍后，家业渐大，子孙分家，常一座宅院分住几户，晚间各自在房前阶下、天井墙边，搭起"造火亮"，院宅顿时通明，以后遂成定例，家家户户除平时用来点亮外，规定每年腊月二十五，"灶王爷"上天之日，家家户户"造火亮"，直至正月半，此时正值新春时节，平添节日气氛，既照亮整个庭院，又可三五成群，凑亮闲聊，小孩更是借着火亮，嬉笑追逐，一派融合喜庆之景。

"三元宫祈雨"：祈龙求雨，乃古代民间久旱之时，常行之事，山下鲍同样流传此

山村祈盼　长发其祥
——浙江省武义县大溪口乡山下鲍村

俗。村南水口有廊桥庙，内设三元宫，供奉三真君，传其擅长兴云布雨。故一旦无雨久旱，村民即请三元宫道士进村"求雨"。至于其灵与不灵，道士村民，各有解释，但三元宫之祈雨活动，逐渐变为每年年底的祭祀仪式：大年三十，全村每户都用猪羊、鸡鸭等祭品，来三元宫祭拜，谓之"祭年"，以求来年风调雨顺、五谷丰登、人畜平安。以往"临时抱佛脚"的应对之举，此时已成"期望"之"投资"，遂成当地风俗。

"认石为父"、"以樟为母"：相传涂氏始祖涂国文，十四五岁游历江湖，因贫病交加，困于他乡，急难之际，有一章姓郎中，以草药救治，并解囊相助，使渡危急。涂国文念其恩，特邀章公一起来此居住。章公急公好义，乐善好施，村中凡有建造活计，或有病患疾苦，常见其帮工出力、采药救治，合村民众，多有惠及。章公不幸身亡，为表纪念，涂国文率村民，在村南水口，盖建"章大神殿"，予以祭祀，祈其福佑，风调雨顺，人畜安吉。建殿同时，涂国文以古之植树思亲之俗，与村民种植樟树于村口，以谐音纪念章公。时光荏苒，岁月流逝，樟树终成大树，合抱树干，冠叶茂盛，郁郁葱葱。与之相对，有二丈余高大石，屹立溪边，村民认巨石为父，以樟树为母，每逢大年三十，携儿带孙，成群结队，前来祭拜，此风沿习至今。认石为父，以樟为母，逢年祭拜，这是山下鲍悠久习俗，既是民间原始寄托，更是朴实的信仰和追求。

砖雕木刻　传世之作
——浙江省仙居县白塔镇高迁村

浙江省仙居县白塔镇高迁村，为古代江南望族吴氏一支的集居地，至今村中大部分居民，均为吴姓后裔。高迁古村已有八百多年历史，南宋绍熙五年（1194年），朝廷敕封已故直学士吴芾于此，从此吴氏一族在此生息繁衍，兴旺发达，人物辈出，终成名门望族，闻达一方。

中书第

砖雕木刻　传世之作
——浙江省仙居县白塔镇高迁村

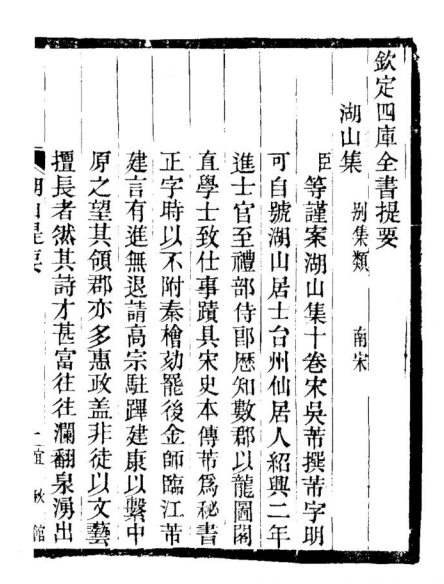

高迁吴氏始祖吴芾所著十卷本《湖山集》，载《四库全书》

一、高迁名人

吴氏始祖吴芾，南宋绍兴二年进士，为人廉正，虽仕途坎坷，却同官赞誉："凡所上奏，鲠直危切，大要以修身正心，敬天仁民为本。"晚年为奸佞所迫，告老还乡，研学著述，终年八十。适逢权奸倾倒，吴芾被朝廷追谥"康肃"，赠"太师"，立"赐谥敕牒碑"，以示表彰。一代文豪朱熹，更以"天下莫不高之"赞之。吴芾著有表奏五卷，诗文三十卷，现存十卷本《湖山集》，收于《四库全书》。

高迁吴门又一显赫人物，为南宋恭帝时左丞相吴坚，淳祐四年进士。《光绪仙居志》载，仙居高迁有"丞相桥，在县西三十五里，宋丞相吴坚所建"。吴坚虽官至太学士，但谨小慎微，随波逐流。南宋末年，吴坚参与了降元之全过程，最终被元军羁留大都，当年病故，留下一世骂名。

明代孝宗时左都御史吴时来，幼时有神童之称，曾因会试不第，遂发愤独居山中景星岩古刹，面壁苦读，两年不归，终于嘉靖三十二年金榜题名。其为官松江府时，适逢倭寇犯境，城外百姓竞趋城内避难，属官为守城自保，关门阻之，吴时来怒喝："城外非吾民乎！"遂命开门，护其入城，"全活万计"。值倭寇攻城，战情危急，前被"徙内之民"，为报全活之恩，呼啸登城助战，终得转危为安。其任刑科给事中时，不畏权势，参劾权奸，遭宦党严氏父子谤陷，身陷囹圄，遭酷刑而不屈，谪戍横州（今广西横县）十年。其间，吴时来淡然处之，勤奋读书、兴建书院，教授后生，造福当地。隆庆元年昭雪复职，其仍以关切民生之心、犯颜直谏之声，闻名于朝。

尘封的古山庄
Chenfeng De Gu Shanzhuang

宋明时期的旧宅，史无记载，更无实物留存，但正吴氏先祖深厚的文化积淀与传承，终使吴门一族，厚积薄发，闻达广益。虽宋明遗宅不存，但祖先之楷模荫庇，家学渊源与之广大，一脉相承，源远流长。今存清代古宅，亦谓幢幢有故事，院院有来历：思慎堂乃世代习武世家，一门竟出七位武举人；中书第为官宦之居，至今留有十多幅中榜捷报；日新堂主人，乃当地赫赫有名、教徒授业之儒绅……

今日所见高迁古宅，为清朝乾隆至咸丰年间之风貌与延续。其时，吴姓后裔吴白岩、吴应岩兄弟，及其子孙，历数十年之劳，付万千之巨资，广揽名匠巧工，将

粉墙剥落，马头高跷，气势犹存

京派太和殿模式与徽派马头墙风格交相融汇，成一时古宅之壮观：六叶马头高耸，中轴对称和谐，开间进深幽然，厅堂楼阁层叠，台阶栏轩错落，雕刻精致奢华，雍容端庄宜居。

残窗断瓦，不失往日气派之流露；人去楼空，不断当年繁华之念想

砖雕木刻　传世之作
——浙江省仙居县白塔镇高迁村

马头墙下涓涓水，村民怡然似桃源

二、高迁木雕

在高迁村的古建筑中，最具称道的是木雕工艺，为浙西古建筑之佼佼者。高迁木雕技艺，属中国传统木雕六大体系之东阳木雕，其特点为构思巧、刀工精、神韵足，虽年代久远，绘漆尽落，仍给人立体、张扬、明快、传神之感。

高迁木雕，题材大都取之传统文学作品，如《独占鳌头》、《月宫折桂》、《麒麟送子》、《昭君出塞》、《五子夺魁》、《西厢记》等传说。此外，还大量取用鸟兽、山水、花草图形：列列排门、扇扇花窗，其图案、刀工、题材、选料，都展现了当年工匠立体构思之缜密、空间想象之丰富、文化素养之充沛。无论圆形的太极八卦图，还是方形的福、禄、寿、喜窗花，都以其布局之合理、图案之逼真、整体之浑然，让人充分感受无比之视觉冲击和艺术享受。

而那梁柱间的反"S"形、壶嘴斗顶形、梅花鹿等各色牛腿，采用了多层次透雕，栩栩如生，形象逼真，既显工匠之技艺，更见院主之品位，寓意"荣华富贵"、"本固枝荣"、"世代绵延"、"家道昌盛"等美好愿望和虔诚祈福，使人顿然感悟传统儒、道、佛文化中的写实与抽象、虚无与真实，此乃中国古代江南建筑文化之精髓。

篆刻四季诗词之窗花

砖雕木刻 传世之作
——浙江省仙居县白塔镇高迁村

回廊边，花窗前，雕花异，万般情

左图的局部放大

左图的局部放大

取材于古代文学作品中的故事刻成的排门装饰画

何谓"雕梁画栋"？眼前实物，给你最直观的诠释

省身堂：迈过门槛，俯视四方天井，卵石铺就各种图案；仰望一方天空，包容蓝天白云，隐喻着宅院主人家国天下之胸怀和责任。

阳光在夏日直照天井，冬日斜射厅堂，使之夏凉冬暖，足见古人融自然、科学为体的生态意识。

正堂及厢房的雕花排门和花窗，立柱与鱼梁间之牛腿，精湛的雕工所显示的图案和故事，使人感受的是主人的文化底蕴、精神追求和气质品位。排门花窗，端庄和气派；木撑牛腿，神韵妩媚；大小鱼梁，错落精致，都活灵活现地展现了中国传统文化的醇醇韵味，绕梁不散，使人扼腕咋舌。

慎德堂：名曰"慎德"，是为告诫后人，以德育人，以俭持家。慎德堂呈二进二明堂建构：前厅、天井、后堂，依次纵贯，楼轩相连；梁柱门窗，刻有飞禽走兽、虎跃麟奔、隐龙喻凤，极为精致。

中堂内有一排高迁村仅有的"全窗"，由三扇花窗组合而成。花窗中央雕有太极八卦图案，窗上还嵌有蓝色装饰物，使之更加古朴庄重。这些嵌石，是产于仙居本地的矿石——绿石岩，也称"浮石"，碧蓝剔透，甚是雅致，数百年来，虽有剥落，但幸余者仍熠熠生辉。

其他花窗上，也有各种透雕图案，最令人惊奇感叹的是，这些手工雕刻的图案，虽排列重复，却纹丝无异，毫不走样，犹如机器刻制所成，足见当时工匠技艺之严谨、娴熟。

堂内天井的地坪，亦由卵石镶嵌，排列

砖雕木刻　传世之作
——浙江省仙居县白塔镇高迁村

高雅精致、匠心独具的雕艺和通风口

成精美的图案，附会着"书香传家"、"蜜桃添寿"、"子孙满堂"等吉语、彩头，足见主人对美好生活的向往和追求。

在高迁宅院，只要跨进那道高高的门槛，一股"穿越"之感，油然而生：中华传统文化之原貌，被真实完美地展现。再好的辞典，也难把"博大精深"、"雕梁画栋"、"精雕细刻"、"富丽堂皇"这些词语，解释得如此清晰、具体、形象，使人浮想联翩，无以自持。

高迁古村能够留存至今，不能忘却一位吴氏后裔的献身：乡绅吴克明，晚清廪生，

宝石窗花：蓝色的装饰物，是产于仙居本地的"绿石岩"，也称"浮石"，镶嵌在窗花上，已数百年之久

砖雕木刻 传世之作
——浙江省仙居县白塔镇高迁村

"福"字窗花

"禄"字窗花

缺失"寿"字的窗花

残破不堪的"喜"字窗花

神话中的嫦娥，跃然于花窗之上

太极八卦窗花

别出心裁的花窗雕刻工艺：在花雕外再加一层材质、色彩不一的贴面

栩栩如生的立体窗雕

平居奋发，仗义乡里。咸丰十一年十月，南来蟊贼，侵犯仙居，所到之处，烧杀掳掠，尽为灰烬。吴克明首为倡议，遍邀诸绅，不用国帑，率民自保。后不幸捐躯，同死乡人达三百余，惨烈悲壮，然乡土得保。嗣后，村民共建"忠义祠"，祀其灵牌，树碑铭文，刻名祭悼，以表感恩、怀念之情。

跨时八百年之高迁，经宋元，历明清，

用卵石精心铺就的庭院花纹

砖雕木刻 传世之作
——浙江省仙居县白塔镇高迁村

技艺精湛的石雕工艺

至民国，风貌依然，经久不衰。然今日高迁，人迹稀疏，童叟仅存，门可罗雀。除村口新建门楼外，村貌基本没变，古村保护与发展，虽有规划，进展迟缓。然亦幸此，高迁得免过度开发，其原生态终得保留、延续。

竹竿无衣可凉，楼屋窗残瓦破，主人远走他乡，饥犬痴念主归

摇摇欲坠之砖块，不仅承受屋顶之重，更负传承中华文化之任

耕读文化　祥和至诚
——浙江省建德市大慈岩镇新叶村

新叶村三月三祭祖典礼

耕读文化　祥和至诚
——浙江省建德市大慈岩镇新叶村

每年农历三月初三，正是油菜花开的日子。晨曦中，浙江省建德市大慈岩镇新叶村一年一度的祭祖典礼紧锣密鼓地开始了。期待了一年，终于迎来了这场盛事。

还是在宋宁宗嘉定年间，新叶村始祖叶坤随南迁的宋皇室从中原来到浙江建德，留下来的叶氏后裔历经宋、元、明、清及民国700余年的漫长岁月，竟成为繁衍29代，人口3000余人的庞大氏族聚落。在远离尘嚣的山坳里，在那片并不富饶的土地上，顽强地维系着血脉的传承和传统的接力。由于村子以村后的玉华山为靠，故新叶叶氏亦被称为玉华叶氏。

村中宗祠厅堂环绕的池塘

有序堂内景　　　　　　　　　　　　　　　　　　　　　村内建筑一角

　　奠定今天新叶村总体格局和建筑秩序的是始祖叶坤之孙——三世祖东谷公叶克诚。叶克诚穷其毕生精力，为整个宗族（宋末元初时，叶氏人口已逾50人）村落定下了基本的位置和朝向，还在村外西山岗修建了玉华叶氏的祖庙——西山祠堂，并修建了总祠——"有序堂"。之后，叶氏族人便以"有序堂"为中心，逐步建起了房宅院落，形成新叶村雏形。

　　历经780多载岁月沧桑，新叶村至今仍然完好地保存着16座古祠堂、古大厅、古塔、古寺和200多幢古民居建筑，被誉为"中国明清建筑露天博物馆"。

一、耕读传家的祖训

　　新叶村人崇尚读书求学，人才辈出，据《叶氏宗谱》载，宋末元初，叶克诚在玉华峰东侧儒源一带（现已被解放水库淹没）建玉华叶氏书院，名"重乐精舍"，并请当时隐居不仕的著名理学家金履祥主持讲学。其时，有金华学者许谦、浦江学者柳贯、兰溪学者章进之、章懋及章品父子、章贽、董遵、徐袍、徐用检、吴道师等许多道学名士经常聚会于此，研习经史之学。

　　至明清二代，村人先后建成抟云塔、文昌阁、官学堂等建筑，开设西山祠堂学塾、梅月斋、华山小学、儒源小学，代代相承，造就不少杰出人才。

　　叶祖章，明初时授婺睦要冲总管，明太祖朱元璋率义兵经过新叶村，祖章在鼓楼擂鼓助威作战，功勋卓著。

　　叶希龙，明万历十二年，应召为河南竹岗

耕读文化　祥和至诚
——浙江省建德市大慈岩镇新叶村

转云塔与文昌阁

郡郡马，诰封朝列大夫，为宗人府宜宾。

叶可让，清代康熙十三年任把总时，因征海有功，升磐石卫都司，后为金镇兵都督府。

叶梦得、叶向义等文化名人也出自新叶古村。

自叶氏入迁于此至清末，计有进士2人，举人1人，秀才102人（包括庠生）；任县丞3人，民国初年任代理县长1人。

民国以后，新叶村好学之风不减以往，"一罐霉干菜，跋涉百余里"，奔寿昌、严州、婺州、兰溪等地求学。从20世纪20年代至今，有大专院校毕业生近百人，其中留学美国获博士学位后回国任大学教授的2人，另有留学日本法政学院2人。

今天，当我们走进这个被国家建设部、文物局列为第五批"中国历史文化名镇名村"的新叶古村，一股传统文风扑面而来。

村中昆曲爱好者自娱自乐

始建于明代隆庆元年（1567年），落成于明万历二年（1574年）的抟云塔坐落在新叶村东南方的水口，其旁为文昌阁，是新叶村目前年代最早、保存最完好的一幢古建筑。

抟云塔造塔总共用了8年多时间，塔高38.8米，塔围13.8米，因村东南面地势欠缺，而用于补风水。塔名取庄子"抟扶摇而上者九万里"。新叶村先人造塔一是补风水，与祖山——玉华山、朝山——道峰山形成三足鼎立；二是因为整个村口的地形是船形，村口的五座小山像五条小船，所以有五船下江之说，造塔是为了起固定的作用；三是为了培植儒风，塔像一支大毛笔直插天空。传说造塔后不久，村里就出了个进士叶元锡，所以抟云塔也叫文峰塔；四是古代塔是人丁兴旺的象征，造塔即为祈求叶姓子孙兴旺。现在新叶村有叶姓人口三千多，村民无疑将其归结于建塔的功劳。此足见叶氏族人遵循于"耕读传家"之遗训，津津乐道于科举和仕途，为鼓励族中子弟获取功名，整个叶氏宗族不遗余力在物质、经济上、家族地位上给予倾斜。甚至在村里纵横交错的窄巷中，专辟几条平整的青石板路，每条路都通往学校，为的就是让读书人"足不涉泥，雨不湿靴"，真是用心良苦！

今天的新叶，与众多的村落一样，留守的是老人和孩子。但是，村里的当家人仍在坚守着祖先传下来的文风。在一尘不染的农家小院里，我们看到了读书的儿童，听到了一群戏剧爱好者们在自拉自唱着古老的昆曲。

耕读文化　祥和至诚
——浙江省建德市大慈岩镇新叶村

民居与水

二、自然环保的民居

元至元二十七年（1290年），三世祖东谷公邀请理学家金履祥根据地形位置，依五行九宫规律，选定现在的"有序堂"位置为村的中心点建大厅一座，并将原南塘改建成半月形，再从周边向四方开通八条路。但大厅不开正门，在右侧另建门台一座，门台直对道峰山主峰，有序堂定为中宫，外面八条通道自左向右逆转；划为一白（水）、二黑（土）、三碧（木）、四绿（木）、五黄（土，中宫）、六白（金）、七赤（金）、八白（土），北面道峰山为火，恰是九宫紫火。

新叶村的古建筑均为徽派风格，砖木结构式的楼房，整体素雅端庄。走进新叶村，就像走进了一个迷宫。村里的街巷有上百条之多。这些密如蛛网的街巷，宽的近3米，窄的只有80厘米。路两侧房子高而封闭，巷子窄而幽深。村中大小街巷，大都是用砖条拼砌而成。色泽青绿，古朴庄重，石板路下设有排水设施，大都经过精心设计和安排，每条街巷下都设有暗沟排水，且每隔一定的

街巷里的建筑

距离便有门口塘,可作蓄水用,日常洗刷、消防取水、雨天排水全在此暗渠之中。叶氏先人,上古时期,便深知借天之力,借水之道,依山之便,深山之处,一个古老的家族,与大自然和谐共处达近千年之久。

高大封闭的白粉墙,将一户户人家包围在一个个窄小的天井院中。纵横交错的街巷将户与户、房子与房子连成一个有序的整体。村落中间有一个半圆形的大池塘,塘边是全村的中心——宗祠厅堂。本村本族重大的政治活动、祭祀活动和文化节庆都在这里进行。

西山祠堂:为玉华叶氏的祖庙,原名万翠堂。按当地习惯,只有合族总祠才能称为祠堂,分支祠堂称为大厅。该祠堂为新叶时间最早、地位最高的两座祠堂之一,始建于元代,由三世祖叶克诚即东谷公主持兴建;先后两次迁址,清康熙九年(1670年)将祠堂移建西山之阳现址,以后历代多次重建、扩建。它的设计相当简朴,坐东面西,三进两院,第二进大厅有拜亭,即中亭,第三进为楼阁,门台为三间牌楼式。门前原有一口半月形水塘,院落两侧有个几间厢房作辅助用房,最后一进为七开间的重楼,两侧有套院。祠堂地势高敞,正对数里外被喻为"母亲"的三峰山主峰里大尖,另外有两座较低矮的山向主峰围合,被比拟为侍奉母亲的"孝子",显然叶氏是想借此风水来加强宗族的血缘关系。祠堂现有大门、享堂、后寝及厢房等建筑。享堂供奉着叶氏始迁祖叶坤的塑像和牌位,两厢按照左昭右穆的序位供奉叶氏各支派的历代祖先。

有序堂:是村中另一重要的祠堂,为叶克诚于元代主持建造,后来作为玉华叶氏的总祠,位于村子的北端。新叶村最早的住宅都建在它的两侧,到玉华叶氏第八代时,开始分房派建造分祠。这些宗祠就分布在有序堂的左右和后方,有序堂为三进大厅,在门屋明

耕读文化　祥和至诚
——浙江省建德市大慈岩镇新叶村

间面向祀厅建戏台，戏台设有可拆卸的台板，后台宽敞并有夹层，新叶的重大节庆、庙会、各类文艺演出活动都在这里举行。

崇仁堂：是新叶村最高大、最宽敞、最华丽的祠堂。明宣德间，仁分派八世祖永盈公（崇八公）以黄金48两为兴建之资，遍寻能工巧匠，采购巨木良材，费尽心机，终在道峰山下建成一座气势宏伟的家庙，名曰"崇仁堂"。它的规模不但超过了祖庙，也超过了总祠。一般的祠堂只有两进或三进，而崇仁堂则有四进，总进深26米，纵深空间的神秘感非常强烈，这在中国的建筑中很少见，足可见崇仁堂在玉华叶氏家族中地位之重要。新叶的其他一些祠堂，如双美堂等，建筑也很华丽。

新叶村目前共有老住宅200多幢，其中明代建造的老住宅约15幢，大多数为中小型住宅，且多数破旧坍塌，有些已经无人居住，稍好的住宅经人们不断修缮、改造，变化很大。清代建造的住宅保留至今的约150幢左右，大小不一，质量差别很大。而民国时期所建的住宅目前保存有50幢左右，这些住宅多数为"三合"、"四合"的单元型制。其余参差不齐的住宅均是1949年后兴建的。新叶村古老住宅之所以能够保留下来，主要有以下几个原因：一是新叶村交通闭塞偏僻；二是血缘聚落的家长制宗法观念极盛，房屋除了自然倒塌，或水火灾害而毁，从不轻易拆毁；三是新叶村整体生活水平比较贫穷，商

叶氏先祖谕族条规

崇仁堂内景

品经济亦不发达，生活水平从明代以后，呈下降趋势，故新老民居替换建造速度极其缓慢。但也正是这些因素，使新叶村的古建筑存留至今。

值得一提的是，民居里许多梁、枋、斗拱等构件全部精雕细刻，装饰着人物、灵兽、百鸟、回纹等，布局严谨，造型优美。镂空的人物图雕，人物面部表情逼真，服饰飘动自然，连人物的眼角、指间处也刻得毫不含糊。木梁上大多刻有戏文，以"百兽图"居多，还有"九赐言"、"凤采牡丹"等，栩栩如生。

三、流传经年的三月三

现在的新叶村共有3000多人，从始祖叶坤至今，已传至第29辈。现在村里共有叶氏5个支派：分别是崇仁派、崇智派、崇德派、崇义派、余庆派。老人们担心，随着年轻人大都出去打工，原先的文化传承恐怕愈加淡漠了。

和其他古村落一样，"耕可富家，读可荣身"的传统思想至今仍能在新叶村里找到历史的烙印。"有序堂"的戏台上有四幅颇值得玩味的楹联："曲是曲也，曲尽人情，愈曲愈明；戏是戏也，戏推物理，越戏越真。""文中有戏，戏中有文，识文者看文，不识文者看戏；音里藏调，调里藏音，懂音者听调，不懂调者听音。"浅近易懂的文字，看似调侃却又蕴含处世哲理。

每年的农历三月三，新叶村都会举行盛

旋庆堂内景

耕读文化　祥和至诚
——浙江省建德市大慈岩镇新叶村

大的祭祖典礼，年年都有三月三，年年三月故人返。这一天，只要是新叶人，无论你在哪里，无论你做什么，天高地远，游子们都会回到他们心中的原乡，参加一年一度的宗族祀奉仪式。他们称为"献给祖先的祭礼"。它在叶氏族人心目中的地位是神圣的。行走在纵横交错的院落之间，你会感到血脉亲情的温馨与强大。家家院落，户户欢笑。

每年的祭祀费用由各支派分摊，有钱出钱，无钱出力。一般每支系的子弟，每人出资10元，可集资数千、万余元不等，出资支系独立承担祭祖大典，并担任主祭。

祭祖当日凌晨6时，在密如蛛网般的深

祭祀活动的村民敲锣

祭祀一景

巷里，神秘的铜锣声响起，宣告祭祖大典序幕拉开。一大群十二三岁、手持各色旌旗，在"崇仁堂"外的空地上嬉闹着的孩子，在族里长辈的指点下，跟在开道的铜锣队之后，举起旌旗，排成长队，成为整个祭祀队伍中最抢眼的部分。早上7时正，祭祀队伍出发了。村民们手持各式"兵器"，从"崇仁堂"鱼贯而出，孩子们舞动着旌旗紧随铜锣队，几个壮小伙则一直赶在队伍之前，放起震天响的火铳。绕村一周后，绵延1公里的祭祀队伍走上田间小路，在满山的油菜花海中，七彩的旗幡摇曳在蓝天白云间。他们的目的地是距新叶村3里外的玉泉寺。

这是方圆几十里内惟一的寺庙，故而成为新叶村人祈福求祥、占卜祭祀的重要场所。队伍中的老人、孩子都是一脸的庄严感。祭祀完毕的队伍回到村中，所到之处，家家户户在门前摆上香烛"迎神"。"崇仁堂"内更是鼓乐喧闹，村民各自带着自己的祭品拥向祭台，在祖先挂像前祭拜、祈福。这时，在"崇仁堂"前厅，"八仙"、"魁星"、"财神"按序登场，重复了刚才在玉泉寺的仪式，以示将象征文运、财运、官运带回了村内。接下来，便是连续三天近乎狂欢般的社戏、集市，整个新叶村被带入祥和而略感神秘的氛围里。

耕读文化　祥和至诚
——浙江省建德市大慈岩镇新叶村

三月三庙会的小商品市场

祭祀场景

尘封的古山庄
Chenfeng De Gu Shanzhuang

唐砖宋瓦　千山万甍
——浙江省泰顺县筱村镇徐岙底村

浙江省泰顺县筱村镇徐岙底村，已有八九百年历史，更有"唐砖宋瓦，千山万甍"之美誉。《辞海》解："岙aò，山深奥处。"顾名思义，"徐岙底"必居群山之凹。两山将古村紧紧环抱，左似威风凛凛之雄狮，右如抚子哺乳之母狮，余脉绕于村后，此起彼伏，惟村南一马平川，为全村农耕之处。山山重叠，峰峰秀丽，无论从今日生态环境角度看，或依古代风水堪舆之说，此地均为难得之"风水宝地"。

泰顺《吴氏宗谱》载诗《三台耸秀》云："依方雄据障屏开，崒律排云入望来。烟接海门含万象，秀迎天柱应三台。雨收黛色横青汉，日映岚光罨画台。直上翠微凌绝顶，玉绳低处鸟飞回。"而《丹桂映月》则曰："高秋玉宇晚风凉，夜月盈盈口味长。几处清飙鸣远籁，一枝丹桂照回光。馨分蕅蕊明金粟，色借蟾宫入草堂。试上口楼恁一望，浑疑身在广寒旁。"美好诗句，既赞美了徐岙底往日秀丽风光，更抒发先民崇尚自然之情怀。

一、徐岙的吴氏传说

徐岙底村虽曰"徐岙"，主姓却为"吴"，究其成因，众说不一，大致有二：

传说之一：北宋方腊起兵时，当地官吏徐震，率军抵御战死。其柩还乡，途经正闹

旱灾的徐岙村，突显神灵，天降甘霖，灾情立解。于是，当地百姓就地建宫祭祀，现在徐岙村口一棵参天古树下的小宫庙，就是当年祭祀徐震的徐三翁庙，至今祭祀香火未绝。吴氏始祖吴莱搬迁徐岙后，欲借此灵气，泽被后世，不改"徐岙"故名，想来亦是心诚通灵，正如徐三翁庙前曾有一副对联所言："拜佛拜心心拜佛，修行修性性修行。"

传说之二：徐岙吴氏，系唐朝谏议大夫吴畦五世孙吴承褚，由库村迁居筱村柏树底，数世之后，吴承褚之后吴莱，羡徐岙"曲径坦途，引人入胜，崇峦叠嶂……自成幽秀"，于北宋端平三年（1236年）析居徐岙。此后数百年，吴氏家族"诗书礼相传，簪缨相继，可谓能光其祖、显其宗矣"！

但徐岙村民更信如下传说：筱村徐岙底吴氏先祖，人称吴三公，原先居住在筱村柏树底，家境不尽如人意，有心寻找一块风水宝地迁居，以图家业发达，但多年未果。偶遇一位风水先生，帮其找到这片"鲤鱼上山"之地：左右两山，可谓一雄一雌狮子之山，每夜子时，合拢相会，卯时则分。合拢之时，小溪水满，远远望去，似一湖泊，山浮水面，犹如探头之鲤。晓时山分，小溪断流，又成一块平地。如此宝地，必保五谷丰登、子孙衍祥。吴三公遂举族迁此，三年之后，财丁两旺，瑞气盈庭；读书练武，每每及第；经商通贸，财源滚滚；显为望族，扬名四方。

石头之村

唐砖宋瓦　千山万壑
——浙江省泰顺县筱村镇徐岙底村

二、以"石"为主的建筑特色

走进徐岙底村，给人最深印象，即为"石头"：全村围墙、屋墙、行道等等，无一不由大小形状不同之石卵、石块垒砌铺就，这既显徐岙底之建筑特色，更给古村增添了一抹古朴、厚重之浓彩。

村里有条通贯之道，全用大小卵石和石块铺就：道中央并排两行长石块，向村中延伸。两行石块中间和两旁，则由大小卵石密密铺排。经年累月，无论石块还是卵石，均被村民行路踩踏，磨得平整光滑，更显古朴厚重。

在这石头路上，走过一代又一代的徐岙子孙，他们或牵牛扶犁、脸朝黄土背朝天，默默耕耘，繁衍子孙；或金戈铁马、挥刀舞剑斩凶顽，保家卫国，护境安民；或孔孟为师，琴棋书画泼翰墨，饱读诗书，传承文化；其所凭藉，就是石头一般古老而又坚韧的毅力和精神！

石头村道两旁，散落着或大或小，或荣或简各色民居，由于该村起于北宋年代，其建筑构造，均延袭宋代法式。如门楼的木质抱鼓石，稍饰雕刻，纹样清晰，古朴大方。屋梁和椽子，大都精雕细刻，栩栩如生。院落地面，用卵石铺出各色花纹，尽现主人典雅的情趣和高深的文化底蕴。正房和两厢，也都采用较多的雕饰，风格朴雅，虽经年风蚀摧败，但至今韵犹依存。

三、规模较大的古民居

徐岙底村现存规模较大的古民居有"文元院"、"举人府"、"吴氏宗祠"、"水尾厝"等。

文元院：这是一座两进三厢二层的院落。院主人为乡绅吴存经，字王纶，号郁庭。

吴存经于乾隆十九年入县学，乾隆三十五年成为附贡生。至今门楼檐下仍悬挂着的"文元"匾额（中国古代科举制度中，乡试第一名称为"文元"），足见其在村中显赫身份。文元院右厢房二楼，有一间吴存经书房，房间不大，家具寥寥，简约大方。走进书房，在微弱光线之下，仍能感觉书房主人伏案苦读之状。正如《吴氏宗谱》载诗《南窗夜读》所记："一盏灯火夜深红，猛着心时不计工。他日风云能际会，定应平地步蟾宫。"岁月逝去幽幽，墨香仍留淡淡，如此意境，至今仍感染着每个到访之人。

举人府：在文元院左前方，即闻名当地的"举人府"。主人吴永枫，字尔宸，号华园。

举人府第为四合院式，门楼外有数块旗杆石，上面刻记着屋主吴永枫当年考中武科举人的时间："恩科 乾隆庚寅"，即乾隆三十五年（1770年）。府中有一偌大地坪，有卵石甬路。门楼上悬挂着吴永枫的"登科"匾额，这是吴永枫由右庠生参加恩科乡试，成为武科举人，名列全省第三十七名的恩匾。

举人府前的旗杆石

武举人的大刀，2007年被人盗走（网上下载）

唐砖宋瓦　千山万甍
——浙江省泰顺县筱村镇徐岙底村

从门楼通往正堂，这里曾悬挂一把吴举人当年所用大刀，据说有一百二十多斤，想见举人之神力。大刀悬于厅堂二百多年，虽见证了无数天灾人祸，终厄运难逃，2007年被人盗走，至今下落不明。

在村后山弯里有一块大空地，乡民们称为"跑马场"，就是当年吴举人骑马舞刀的习武之地。

吴氏宗祠：清朝乾隆十二年（1747年），乡绅吴家驹建造。吴家驹，字允千，太学生，例赠武信郎，其子即为前述武科举人吴永枫。宗祠共有三进，四面环夯土墙，周围松柏翠竹荫护。规模不大，但构作讲究，深镂浅刻，均见匠者功力。

明清时期，是我国戏剧发展第二个黄金时期，所以此时所建宗祠，内部大多建有戏台，吴氏宗祠也不例外。宗祠享堂前方建有戏台，称为"神庙戏台"。为何要在祠堂内建造戏台，按徐岙村人的说法，这是"给祖宗看的"，此或当地习俗。然从祭神祀祖，到登台演戏，成就了一个由"敬祖"转为"娱人"之演变过程，地方传统文化、曲艺，亦因此得以传承。

吴氏宗祠内的戏台，同样具有中国传统戏台的建筑特征：空间开放，三面通透，观众可从多个方向观看台上表演；飞檐翘角，斗拱脊饰，细致精繁，形成造型之独特。尽管目前戏台只剩"空壳"，但从残留的物件上，当年的气派和神韵，仍能栩栩如生地展现在我们眼前。

古树下的徐三翁祠

唐砖宋瓦　千山万甍
——浙江省泰顺县筱村镇徐岙底村

徐三翁祠：在徐岙底村口，有一株传说已有800个年头的枫树，合抱粗的树干，枝繁叶茂，古老苍劲，树冠遮蔽了整个村口。大树之下，有一幢破旧建筑，屋门紧闭，光线昏暗，就是赫赫有名、泰顺诸多"徐三翁祠"之一。

"徐三翁"，是乡民们对"徐震"的尊称。非但在徐岙底，泰顺诸多地方，如筱村、洋畔、贝谷等地，都建有徐三翁祠（宫），可见徐震在当地影响之深，及乡民敬仰之情。

徐震，泰顺仙居人，生于北宋英宗治平元年（1064年）。何称"三翁"，查无出处，或其排行之故。徐震少年不负先训，好书力学，官至温州府判，为官秉公廉政，为人温恭谦和，深为乡民爱戴。

北宋宣和三年（1121年），方腊起兵，攻进温州，紧逼瑞安，驻兵吹台山（今瑞安丽岙镇北）。为保境护民，县令招募"义勇"四万，分守要道。徐震即率其中一部，抵御方腊进攻，激战中，徐震身先士卒，不幸战死，时年五十八岁。

嗣后，宋帝赠封其为忠训郎，并立庙祭祀。明朝洪武三年（1370年），朝廷又加封为忠训侯王，入乡贤、忠义二祠。清朝雍正七年（1729年），官府专拨银两，修葺徐氏祠墓，并禁樵祠墓周围林木，以示敬崇肃穆。

徐岙底村的"徐三翁祠"，位于村口。传说清乾隆年间，当地吴、林两大家族，出资建造，规模较大，毁于"文革"，后虽改建，面目已非。但祠内残留戏台之饰彩画、主堂的轩棚，以及用材巨大、雕刻精细的大梁等留存遗物，都能看出当时乡绅建造"徐三翁宫"时，投入了大量资金，其精工细作、画梁雕栋，精细布局，显见当时设计、建筑、雕刻水平之精深。

仙居《徐氏宗谱》中，有林鹗、林用霖父子撰写徐震的诗句。林鹗诗赞："怪石阴风吼大猫，鬼雄丘垄禁口茇。千山迎水祥云护，万里英灵气未消。桐岭功臣寻常碣，水月庵前见新苗。谁知蔓草榛无后，尚有子孙护圣朝。"林用霖诗赞："大猫奇峰甲骑屯，萧萧草木怅黄昏。灯花地合埋忠骨，水月庵前吊古魂。南宋乡贤遗迹杳，东瓯社庙几人存。独有高垄斜阳外，常做山城保障论。"

悲壮泣血之诗句，深含先人对英烈崇敬仰戴之情感，对故乡缠绵眷恋之心扉，及对山河赞美自豪之胸怀。

双井：徐岙底村后有一称为"双井"的取

水处，即在同一水源处，前后顺着两个取水口：它们的井口远比一般水井之口要大，而且两"口"并不隔绝，下面连通，上面仅用一块二尺见宽的石板隔开，"上游"之口，为饮水专用，"下游"之口，则为洗涤所用。如此简洁而又科学的处置方法，充分显示徐吞先民早具环保意识、卫生观念和科学方法。可见这些理念，并非现代之"专利"。

《吴氏宗谱》有诗《双井含春》曰："苔清烟霏石甃清，银床两两照空明。谁为抱甕长飞雾，错认潮泉含避 。一脉甘温浮玉液，四时澄澈嫩琼罂。由知胜地春常在，不管硫黄始得名。"正是古人有着这样的意识和措施，才能使得"胜地春常在"而绵延至今！

双井

水尾厝

唐砖宋瓦　千山万甍
——浙江省泰顺县筱村镇徐岙底村

水尾厝：到了徐岙底村，要去看看"水尾厝"，并非此屋有何特色和规模，而是在此看似岌岌可危、破旧不堪的院落里，走出了一位当代著名学者——吴次芳教授。

吴次芳，男，浙江泰顺徐岙底人，生于1954年，博士，教授，博士生导师。现为国土资源部土地利用总体规划修编咨询专家、全国国土资源标准化技术委员会委员、教育部公共管理教学指导委员会委员、中国土地学会学术工作委员会副主任，浙江大学中国土地勘测规划院东南土地研究中心主任，东南土地管理学院院长。

水尾厝也是一幢徐岙底常见的石头院落，院内空荡，大门敞开，厅堂里散乱着一些落满尘土的破旧农具和车架，唯独不见人影，不知有人居否？时下诸多山区村落，似此门户洞开、无人居住、已被废弃的院落，比比皆是，早见多不怪了。但无论此院是废是用，徐岙一方水土，又孕育出新一代的共和国高级学者，足见中华文化源远流长、生生不息。

《吴氏宗谱》曰："罗阳为东嘉隆邑，山明水秀，多著族出其间，徐岙吴姓，尤罗阳之著族也！"吴氏家族自北宋迁居徐岙以来，聚族而居，繁衍生息；村落规划井然，巷弄纵横，卵石铺道，块石延伸，象征文武之道，相辅相成；民居错落有致，分布均衡，天然质朴，韵味绕梁；青瓦石墙，不事雕琢，屋檐翘挑，飘洒灵动；敞而不封，亲和友善，细节尽显，匠心独具，足显其为中华古建筑文化之生动显例。

岁月虽能将村宅沧桑尘封，但其文化内涵，则世代相续，永不凋谢。看着这些破旧不堪的院落，不事修饰，陈旧袒露，更显惨淡的"沧桑美"。随便指点一处旧居，即可追溯其三百、四百、五百年，甚至更长的岁月。走过岁月磨砺的卵石道，登上屋内"吱咯"作响的扶梯，抚摸木屑剥落的门窗，心中蓦然泛起一股莫名的惆怅与无措：不知该为中华文化之悠久而自豪、为这方水土孕育出无数英豪而骄傲，还是该为这些养育先民的古居日渐凋落而惋惜，为这曾是群山翠林中一颗璀璨明珠会否泯灭而焦虑……

中国进士　第一村落
——浙江省宁波市鄞州姜山镇走马塘村

中国古代，曾有一村：凡官员过此，无论品级高低，均须"文官下轿，武将下马"，以示敬崇，这就是位于浙江省宁波市鄞州姜山镇的走马塘村，亦称"中国进士第一村"。而"走马塘"之名，则因进村之路，必须牵马走过护村河畔荷花塘，由此而得。

中国进士 第一村落
——浙江省宁波市鄞州姜山镇走马塘村

走马塘村位四明山余脉茅山脚下，地处鄞南平原，依傍奉化江支流东江，素有盛名："四明古郡，文献之邦，有江山之胜，水陆之饶。"走马塘村现有人口1500余人，主姓为"陈"。史料记载，北宋端拱年间，明州知府、长洲进士陈矜，死后葬于茅山，其子为父守陵，携家定居于此，遂成走马塘陈姓始祖，至今已传三十八代。宁波天一阁藏《陈氏家谱》，详载陈姓家族显赫家世。

村中尚留明代建筑八处，清代建筑比比皆是，另有三幢建于民国时期，颇具西洋风格。

进村右旁为荷花塘，塘左一排青色砖墙，刻满密密麻麻文字，乃《走马塘历代进士总目》，详载自北宋开宝四年（971年）陈氏一世陈矜荣登进士榜，到明崇祯初年（1628年），陈氏二十三世孙进士陈之亮止，六百五十年间，走马塘历代进士、官宦二百多人之名讳、登科年代官职，这是中国古代少见的显赫家族。

为何走马塘能有如此众多陈氏子孙"金榜题名"？这与走马塘良好生态环境和传统文化氛围分不开。

一、优质的生态环境

独特的水利系统，为走马塘村营造了优质生态环境。走马塘

尘封的古山庄
Chenfeng De Gu Shanzhuang

中国进士　第一村落
——浙江省宁波市鄞州姜山镇走马塘村

前后左右，被四条护村河流环抱，由紫来桥、西沈桥、庆丰桥……将其贯穿；东邻漕、邵家漕、蟹肚脐、后王漕、徐家漕……散落其间；还有十余大小参差、形态各异的小池塘，分布其中。这是走马塘先民精心营造、世代相传而成的水利系统，逢涝能排，遇旱有储，蓄泄自如，火警无忧，形成完备的河网防务体系，有效抵御旱、涝、火之侵袭，致使人畜平安，和谐相处。

此外，走马塘地处四明山脉尾系，山丘挡住了北来的寒流与大风，使之气温适宜，寒暑相衡。平原开阔之地，沟渠纵横，水旱无忧，日照充分，为村民提供了农耕稼穑之肥沃土壤，渔猎樵采之优良场所，如此生态环境，为陈氏子孙的生长繁衍，提供极佳的生活居所。

村里有株千年古树——重阳木，即为走马塘优质生活环境的有力见证。古树躯干合围三尺六米，高二丈四米，树冠延伸达三丈余，主干已与支撑的石柱紧紧吻合。此树珍贵，不仅在"古"，而是不知何年，在树杈上又"长"出一棵毫不相干的"新树"。村民猜测，或由风吹，或由鸟衔便排，树的种子随之落于杈间，而此杈经年日久，多积尘土，水分适宜，树的种子得以萌芽，致使"新树"茁壮成长。如今两树合长，郁郁葱葱，华盖如伞，遮荫河道，蔚为壮观。村民之傲，不仅于树，更在暗喻走马塘为生存繁衍之灵地，上天眷顾之厚重。

二、浓厚的传统文化氛围

陈氏一族，以耕读起家，求学明志，德行文学所成。据统计，该村共出进士七十六人，各级官吏一百五十二人（其中四位尚书，两位大学士），国学生、庠生、廪生一百一十一人，无愧"中国进士第一村"。

正因传承"耕读传家，求学为志，人文蔚起，名振朝纲"之祖训，才有闻名于世的陈氏家族，而"祖孙三学士，父子两侍郎"、"直声振赵宋，忠节耀朱明"之楹联，乃对"进士"、"官宦"恰如其分之评价。

陈氏三十一世孙陈露芗，亦名陈树棠，

陈露芗

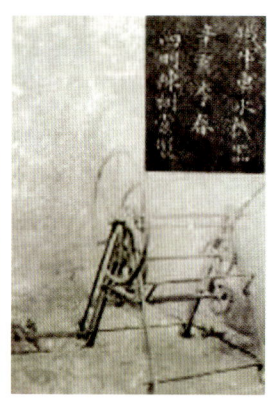

陈露芗设计的机械
（网上下载）

是中国早年留学日本学子，也是日本早稻田大学第一位中国留学生，在那积贫积弱、备受凌辱之时，陈露芗立志科学救国，主攻机械，成果颇丰。据说当年蒋介石赴日留学，即为陈露芗所荐。

对走马塘村而言，最值得骄傲和自豪的是，在这七十六名进士和一百五十二位官宦中，无一人因贪而贬，亦无一人因渎而废，正可谓古今中外，绝无仅有！传统文化之熏陶，他们历练出一种群体文化品格，着实令人深思敬慕：彬彬儒雅，以学立身，以孝事亲，以廉为吏，以能尽职，以忠事君，第历显宦，气节隆直。他们与宋、元、明三朝相始终，与中华文化共辉映，可谓中华文化铸就群体人格之大成，已从个体上升到群体，超越了个体的自我约束，成为整体的行为规范。

他们有典型的中国士大夫家传——前一辈的秉正遗留，成为后一代的丰厚滋养，这个家族，浓郁地吮吸着中国文化的精致素养，将家族的繁衍生息，定位在中华文化的继承与延续上，使之绵延不息，千年巍然。难能

荷花池与中新屋

中国进士 第一村落
——浙江省宁波市鄞州姜山镇走马塘村

中新屋内院

可贵之处，每位陈氏子孙，既能自觉体会、继承先祖的文化精粹，又能拓展自身的文化内涵，这是一种再造意义的文化继承，正如后人所评："从狭义上看，他们守住了陈氏家业；广义上讲，他们传播着中华文化"，此乃陈氏家族，源远流长，泽被后世，渊源与魅力所在。

陈氏一门，廉正忠烈，名振朝野，每位子孙的个体行为，铸成家族门庭之光耀：陈矜勤政爱民，兴修水利；陈轩守诗书礼乐，忠孝节义；陈禾刚正不可，舍身直谏；陈曦清廉俭朴，严守法纪；陈概坚贞不屈，激昂陈辞；陈大寅城陷不降，与城同亡，终使陈氏一门，精忠照乎日月，节义薄于云天，丹心留存汗青。

三、现存古宅

走马塘现存古宅，主要是"中新屋"、"百年诊所贻谷堂"、"赡袞堂"、新旧"陈氏宗祠"及"荷池"等，在数十处民居大宅中，以荷花池对面的"中新屋"最有古韵。

中新屋：大院占地近四千平方米，现住数十户人家，朝南排开四道门，门前面对荷花池，以荷花之品格，告诫屋内所居之人：出于污泥而不染，亦为陈氏一门清廉之气的象征。中新屋内大都为二层厢房居所，虽经修缮，原貌犹存。

荷花池：村口占地近千平方米的荷花池，是走马塘之中心。每逢夏日，池中荷花亭亭玉立，婀娜多姿，水面倒映老宅飞椽，水中游鱼悠然自得，其情其景令人陶醉。池边明清楼宇、镂窗石雕及斑驳古墙似城堡耸立，一字排开，气势非凡。夏日，绿叶衬粉荷，清香伴阵风，即便烈日炎炎之酷，仍有清凉息息之感。

"陈氏宗祠"老祠堂

此为清代修建的"陈氏宗祠"

瞻衮堂：十三世观孙公创建。瞻衮堂意为纪念先祖，嘉庆年间，火灾后重建。堂中珍藏了十幅清代画像和"重建瞻衮堂缘起碑记"画像，其中尤以陈士商的名句"产让三分，孝留千古"，体现了中国传统文化中"忠"、"孝"、"节"、"义"之真谛。

陈氏宗祠：存有锦旗般大小的陈氏先祖画像十余幅，有名有姓，他们有北宋尚书陈轩、铁笔御史之首陈禾、四川节度史陈良谟、扶佐崇祯皇帝的陈之亮。那些出于同治年间的古人物画像色彩绚丽，虽经百年存放，但勾勒的纹线仍清晰，令观者惊叹。

宗祠门柱上"直声振赵宋，忠节耀朱明"，及堂屋中"祖孙三学士，父子两侍郎"等楹联，把进士村当年的显赫，表达得淋漓尽致。

百年诊所贻谷堂：它是清朝末年鄞南名医陈松涛坐堂号脉之处，也是宁波地区目前保存最完整的百年私人诊所。贻谷堂建于光绪年间，至今八代行医，秘方数十，尤以创始人陈松涛医德高尚、医术精湛

陈松涛像

贻谷堂大门

中国进士　第一村落
——浙江省宁波市鄞州姜山镇走马塘村

称著。

四、传说与建筑

"忠孝里"：陈氏后裔御史陈禾素有直谏之名，传说有次上奏，宋徽宗不耐烦，转身欲走；陈禾情急之下，伸手扯住宋徽宗龙袍，不慎扯碎袍襟。徽宗勃然大怒，然陈禾毫不畏惧，言"陛下不惜碎衣，臣子岂惜碎首"，继续再奏。宋徽宗念老臣忠心，以"臣腹如此，寡有何忧"答之。此事传为美谈，史籍为之赞曰："陈禾引裾尽言，有古谏臣之风。"事后，宋徽宗还专为其居题词"忠孝里"。

"兄弟学士"匾：在贻谷堂内，至今还挂着时任民国教育部长朱家骅、浙大校长竺可桢、东南医学院院长郭元琦三人，为陈松龄、陈松涛兄弟联名题写的"兄弟学士"匾额。

清康熙五年（1666年），村里设立"公禁"石牌，牌上行文依然清晰："荡洗秽污，投掷废弃，堆积余岸，壅塞通沟。"从碑文可知，陈氏先人早已具备环保意识，此事距今三百四十八年。

走马塘还以房子外墙和飞檐为特色。墙都是基座为石板上面为青砖，再为木料。村中明代建筑目前保留下来的尚有几处，清代建筑更是比比皆是，另外三幢民国时期具有西洋痕迹的建筑也极为典型，亦为传统文化中的外来文化。

村里古树、古屋、古画像、古公禁牌无数，但最令人惊叹的是古宅上的石雕花窗。现存各处的60多扇石花窗，大都用青石、红石

雕作而成，有长方形、正方形、圆形。所饰图案，人物类有"八仙"张果老、蓝采和、吕洞宾等；文字类有"福"、"乾"等。其中有一扇石窗融门、窗为一体，能开启关闭，不像普通石窗固定在墙上，极其少见。

走马塘村水绕渠回，串起了全村所有的宅院，水系的中枢在蟹肚脐。蟹肚脐不大，因形如螃蟹的肚脐得名。据当地老人介绍，此处当年是木船集结之地。岸旁那棵千年古树，诉说着走马塘的千年沧桑。

至今，人们对走马塘村仍情有独钟，2008年4月走马塘整修一新，四方人士纷至沓来，成一时之盛况。人们脸上，洋溢着古村得以新生的喜悦之情，然心中更期许陈氏家族的人文精神发扬光大。

残破凄美　容颜依稀
——江苏省南京市江宁区佘村

佘村外景

残破凄美　容颜依稀
——江苏省南京市江宁区佘村

　　佘村，坊称"潘家大院"或"佘村九十九间半"。所谓"九十九间半"，是南京地区称谓规模较大的多进穿堂式民居的俗称，并非确数。中国习俗中，"九"是最大的阳数，又是吉数，过九到十就到头了，而到头就意味着将走下坡，运就要走下道了。中国最大的宫廷建筑是故宫，号称"九千九百九十九间半"，最大的官府建筑为孔府，号称"九百九十九间半"，故民居最多不能过"九十九间半"。而这"半"，既表未满之谦，又有将盈之警。

　　佘村建村距今已有300多年，是南京地区迄今发现的保存最完好的江南文化优秀古建筑群之一，2006年被南京市政府确定为"南京市文物保护单位"。目前尚存潘氏宗

潘宅外墙

189

尘封的古山庄
Chenfeng De Gu Shanzhuang

残破的旧宅

祠、潘氏住宅，但大都残破不堪。

潘家住宅的原主人名叫潘恒才，是一位资财雄厚的商人，世代居住在河南归德府（即现在的河南商丘）。明朝末年，潘恒才携带家眷来到上元县凤城乡佘村，即今天的上坊，在此建屋居住。这栋房子是在顺治年间建造的，历时17年方才建成。

民国十年（1921年），潘氏宗族又决定兴建一栋宗室祠堂，族人集大米4000石、银元1.2万元，开始动工，到民国十三年（1924年）竣工。

整个建筑群占地5000平方米，分3个宅院，7进60余间，每宅均为三进穿堂式高墙深院。各宅院建筑格局完整，其大厅、客厅、住房、书房、厨房、杂屋、厕所、下水道、古井等设施俱全，坊称"潘氏住宅"。

在村委会工作人员的帮助下，我们终于找到了主人，进入残破的古宅。别有洞天的老宅分三个宅院，每宅三进，共计60余间。均

正门石雕

残破凄美　容颜依稀
——江苏省南京市江宁区佘村

潘氏住宅正门

为三进穿堂式高墙深院，造型美观，布局巧妙。尽管如夕阳西下的古宅内，院墙大都坍塌，门柱基本腐朽，院落一派荒凉，但是细节处的精美却能体现旧世繁华。

据宅院主人说，当年宅主潘恒才有四个儿子，分别取名：潘天、潘锡、潘纯、潘碬，并将其名刻在宅院正门的第三层石雕上，以示潘家人丁之旺、财力之巨。

潘氏老宅的材料非常好，比如墙非常扎实，砖头之间的黏合剂是用糯米汁和着稻草灰的混合物，几百年过去了，墙体还是硬硬实实的，不见哪里有裂缝。抗日战争时期，日本人攻到佘村后，刀劈老宅大门，刀都卷了口，门上也只是留下几道印子而已。"因为这门是用一种非常坚实的柞树做的。江苏没有柞树，

住宅外墙

潘家老宅建筑一角

残破凄美 容颜依稀
——江苏省南京市江宁区佘村

潘氏祠堂，现为村委会

据说是潘恒才从老家河南运来的。"潘家老宅子里曲径通幽，左转右绕，像迷宫一样，外人进入以后，轻易地绕不出来。

据方志办的同志们介绍，佘村现有文保单位两处，其中市级文保单位1处，区级文保单位1处，历史建筑1处。对于文物保护单位和历史建筑，将保持原样，修旧如旧。整个潘家大院整体修缮并腾空，作为专门的建筑艺术博物馆，并展示民国建筑文化、砖雕文化和木雕文化，展示佘村的历史传说、民俗风情、名人轶事、宗祠文化、传统地名等。还要组织民间艺人、民间艺术表演队伍，开展乡村婚宴酒席等特色活动。潘氏祠堂也将回归，恢复祠堂功能及开展相关文化活动。但何时启动，不得而知。

展现在我们眼前的两栋活色生香的古建筑，风姿绰约地矗立在佘村的村口。其中一栋是潘家的宅子，盖得比较早，现在还有人居住；另外一栋，是潘氏祠堂，盖得较迟，现今已成为佘村社区居委会和佘村社区总支部支委会的办公地点。

马头墙

残破的木雕

潘氏祠堂外墙

这两栋建筑皆青砖黑瓦，古朴俊秀，简洁富丽。北边是青龙山、南面是大连山，村子的东西两头分别是两个水库。其设计和施工巧借环境，构造出了"枕山、环水、面屏"的理想格局。

潘宅外观门楼装饰曲线柔美、朴素；砖石铺地、青砖灰瓦、封火墙高耸，建筑细部如砖雕、木雕和石雕等做法均有南京自己的特色，精美而不繁复，曲线舒展、落落大方，这种平和、质朴、大气的建筑风格，恰如大家闺秀，既不同于皖南徽派建筑的繁琐、张扬，又不同于苏州建筑的玲珑、书卷气，极富南京地域独有的文化特色。

但是我们看到的古村周边生态环境已经遭到破坏，许多文物古迹已经逐渐消亡。300多年的潘氏住宅里，仅剩一户人在家，其他

潘家大院内景

残破凄美　容颜依稀
——江苏省南京市江宁区佘村

潘家大院内景：此屋在 2013 年秋一场大雨中倒塌

尘封的古山庄
Chenfeng De Gu Shanzhuang

潘家大院内景

的院落被锁了起来,有的当仓库,有的养鸡养鸭,还有很多墙壁都倒了!

院内大部分宅屋都已坍塌,从仍然遗留的断墙斜屋上可以想见其当年的"伟岸"和"奢豪"。院里尚存一个门斗,大概正是此门的高大结实,所以能够"鹤立鸡群"般地耸立在残垣破瓦中。此门斗用青石块砌成,门上砌有五层石雕和砖雕的图饰,其雕工之精细、图案之传神,非一般门饰所能比拟。站在门前,看着如此精湛的门斗,看着天、锡、纯、碫四个清晰可见的字,潘家大院的奢华,潘氏一门数代同堂、人才兴旺的生活

残破凄美　容颜依稀
——江苏省南京市江宁区佘村

残破的院落

场景一一在脑海中浮现。

陪在身边的老人不时提醒要注意脚下的地板，"咯吱咯吱"的声响似有不堪重负之感。"很旧了，没有钱修，我们住在这里，走动都很小心。前天一场大雨，又塌了一间房。再这样下去，这屋子恐怕也保不住了。"老人抬头望着西边的马头墙，忧心忡忡地说。

老人又带我们来到了"九龙埂"，目前是一片菜地。佘村以前叫龙村，是专门出天子的地方。据载，当朝天子听说了这个典故，大怒，派兵要消灭此村。当时有一位法师，为护村民，指认村中一田埂，称其为龙脊梁，施行道法后，插了一根竹子，说是断了龙脉，再也不会出"真龙天子"了，皇帝因此作罢，佘村也免于被毁的命运。当初插竹子的地方，经数代人演绎，就成了"九龙埂"，流传至今。

夕阳的余晖穿过残破的墙头，映照着老屋、老人，形成一种难以名状的迷离色彩，垂暮之态，油然而生。

镌刻汗青　树植人文
——江苏省南京市江宁区湖熟街道杨柳村

杨柳村位于南京市江宁区湖熟街道，地处秦淮平原，依山傍水，北靠马场山，南面杨柳湖，洋溢着浓郁的江南水乡之韵。1982年10月，南京市开展文物普查，在此发现一组古建筑群，经考证，为清代建筑，其规模之大，为南京地区罕见。南京出版社出

杨柳村古建筑群由众多自成体系的独立宅院组成，这些各有特色的宅院，当地名之为"堂"。相传曾有翼圣堂、翼经堂、四本堂、树德堂、思承堂、礼和堂、酌雅堂、安雅堂、崇厚堂、序乐堂、居易堂、天乐堂、映雪堂、祖耀堂、文光堂，但流传至今寥寥无几。

杨柳村于明代万历七年建村，后经江宁朱氏家族在清康熙、嘉庆年间的扩建，成为声震南京的"九十九间半"，距今已三百余年历史。究其成因，历来有着不同传说。

一、杨柳村的传说

传说之一：朱元璋打天下时，曾路过此地，觉得这里风水很好，后有马场山，前有杨柳湖，依山傍水，风水极佳。于是，就留下一些宗族在这里居住，由此形成最早的杨柳村。

传说之二：为南京富商朱侯昌建于清代乾隆年间。传说朱侯昌富甲一方，拥有南京半个城的店铺，当铺十八家、钱庄十八家，银钱田地，不计其数。朱侯昌欲在杨柳之地增建宅院，又因常年经商在外，无暇兼顾，便把建房之事交给三个儿子。但此三子，均为不孝之子，整日游手好闲，专事吃喝玩乐，父亲所备建材，很快败尽，盖房之事，无以为继。朱侯昌得知，急速赶回，施财济物，赎回建材，重造院宅，终得完工。

传说之三：相传朱元璋的后裔朱侯山曾路过此地，因觉腹饥，在一户人家吃饭，饭后在屋前池塘洗碗，不慎将碗滑落水中。朱

版的《金陵胜迹大全》记载："湖熟杨柳村古民居群，是目前南京市留存规模最大的古民居。"以前村民外地亲戚朋友来信，无需详写地址，信封仅写"南京中华门外杨柳村"，即可寄到，可见此村名气之大。2002年该村被江苏省政府定为省级文物保护单位。2008年江宁区动工维护修缮，2009年竣工，现被定为"南京市江宁区非物质文化遗产展示馆"、"南京市江宁区民俗展览馆"。

镌刻汗青　树植人文
——江苏省南京市江宁区湖熟街道杨柳村

侯山顿觉此必天意，饭碗落此，乃上天要他留于此地之暗示，便从此定居杨柳，日后果然发达，村里许多大宅院均为朱侯山时留下。传说朱侯山是朱元璋第十一代孙子，虽史无记载，但村民们却宁可信其有，以示杨柳村之不凡，故此说得以留传。

传说之四：杨柳村原来主姓为蔡，日后朱姓兴起，接着王姓又替代朱姓。按村中老人附会，三姓替代，就是猪（朱）吃菜（蔡），而王姓屠户出身，王杀猪（朱）亦为必然，此乃今日杨柳村仍以王姓为主之因。此说附会牵强，不足为信，但在朱家之前，此村就已存在，则是无疑。

传说之五：朱侯山很会经商，是南京城内著名富商，与当年的姑苏沈万三、湖熟李地山，并称"金陵三大商"。朱侯山经商顶峰时，坐拥南京半城之财。朱侯山时居南京，而他三个儿子却看中杨柳风水，瞒着父亲，在杨柳各建一宅，即"树德堂"、"恩承堂"和"礼和堂"。因过于讲究，导致亏空，无法为继，朱侯山得知，出资相助，三堂才得以竣工。

无论传说如何，杨柳村之传世，则以其布局规模、建筑特色而著世，诸多老宅、厅堂、厢房等屋舍，比别处更显精美壮观，

其木雕、砖雕和石雕，大都取之历史人物、花卉鸟兽等图案，雕工精良。即便在一些角落里，也能发现那些散落的勾头瓦和滴水瓦上，都雕刻着活龙活现、逼真无瑕的"双龙戏珠"、"丹凤朝阳"、"鲤鱼跳龙门"等图案。南京大学历史系的教授们赞叹：杨柳村的宅院，虽疏于维修，破损为甚，但经历几百年，仍然如此，已是非常不易。

被人为损坏的门楣石雕

镌刻汗青　树植人文
——江苏省南京市江宁区湖熟街道杨柳村

据考证，杨柳村原分前、中、后三个自然村，按照时代顺序排列，中杨柳最早，建于明代初期；次为前杨柳，建于明万历七年；后杨柳则为清代咸丰以后所建。中杨柳毁于咸丰兵燹，而前杨柳则因太平天国某"王爷"霸占村女为妻，居住村内，故其侥幸躲过一劫，较完整地保存下来。

由于长年缺乏维修，杨柳村已破败不堪，如在2008年前来到杨柳村院宅间巷间，着实需要小心：屋舍门窗凌乱，柱斜梁倾，墙圮瓦碎，稍有风吹，随风而落。站在屋内，不用窗户，到处透光。2009年杨柳村维护修缮竣工后，古宅才得以重新焕发容光。

自明万历至清朝乾隆至嘉庆，历时二百余年，所剩三十六宅院，现存十七，加之朱、刘、时、赵四姓宗祠，以及王氏住宅等，共三十七进三百六十六间，占地一百五十多亩。这些古建筑的门楼雕刻保存完好，许多门楼上，刻有"旋马遗规"、"遵道坦然"、"缓步凝思"、"行仁履义"、"遵循韦训"、"出耕入读"、"居安由正"、"斯道常由"、"由斯直步"等传统礼教之门楣，均为楷书砖雕，四周饰以人物、花卉等图案，刻工细致，纹式精美，富有浓厚的明清风格。

二、杨柳村的古宅

杨柳古宅均为坐北朝南、多进穿堂式高墙深院，三至五进不等，最多是"翼圣堂"，为七进十八道门槛。门厅、轿厅及主要住房，均沿中轴线建造，左右各有客房、书房、次要住房和厨房杂屋。部分住房为二层，楼宇间宛转相通。厅堂多用隔扇、屏风等自由分隔。屋顶天花除采用"望砖"外，还做成各种各样的"轩"，使之精巧美观。

镌刻汗青　树植人文
——江苏省南京市江宁区湖熟街道杨柳村

　　杨柳宅院，古朴典雅，独具匠心，既有江南之特色，更具南京特有之帝王气概。其砖雕、木雕和石雕，比徽派建筑更显内敛和书卷气；屋瓦曲面大气，弧线有力；雕刻物件，内容取之《西厢记》《古城会》等古典名著，伴有和合八仙、琴棋书画等民间传说。所刻"象头"，取意吉祥如意，"凤凰"象征丹凤朝阳；"笔锭"意寓必定高升……堂屋梁架，均饰有精美的图案雕刻，梁栋不施彩绘，素雅明净。院宅内部各个堂、屋、厢、亭之间，有前后相通之"备弄"，即通道或夹道，既可作防火疏散之用，又便夜间巡逻。宅院后面，专设"更楼"，鼓锣具备。

尘封的古山庄
Chenfeng De Gu Shanzhuang

镌刻汗青　树植人文

——江苏省南京市江宁区湖熟街道杨柳村

宅院的每一进，都有两扇厚重木门，嵌于石门框内，石门框的制作，精致而巧妙，即使在其角落，亦有精美的如意、莲花等吉祥纹饰。

杨柳村宅院之间的闾巷，全以青石板铺就，宅门以条石为阶，以应当地人说："青石墁地石门楼，走进杨柳不沾泥"，此乃杨柳村特有的"洁净青石街"，故无论阴晴雨雪，主人均可常年不湿鞋，不沾土。

为减少暑热辐射，宅院大都采取东西横长之格局，围以高墙，并在高墙上开漏窗、房前屋后开窗，以利通风、采光。客厅和书房前，砌台叠石，以作花圃点缀，倍增庭院幽雅娴静之气。有些宅院还在院内宅外建造花园，布局井然，使之更添宜居色彩。

据说，杨柳村造房所用石料，多出苏州和南京青龙山，木料则专从江西、湖广运来。为运输之便，专挖一条从秦淮河到村内，长数里之"运河"。现在秦淮河畔的竹丝岗处，有一名为"野埠头"的水陆码头，据说就是当年为建房运料之专用码头。砖瓦等材料则是就地取材，在马场山建窑烧制。

杨柳村外十里处，有山岗曰"朱子岗"，来历更久。相传宋代文豪朱熹曾到方山脚下的南埠村（距杨柳村十里）访友，主人午睡，朱熹随手提笔题诗："庭前梧桐百尺，门外河流通江，我来南埠访友，主人高卧东床。"写好放桌

上即走。主人醒来，看见诗笺，才知夫子到访，急出门追，然已远去，只能挥手以别，故将主人挥手之地，称为"朱子岗"，至今仍名。

清代康熙、乾隆时，朱氏为南京望族，时称"书香门第"、"仕宦世家"，朱氏后代进士及第，朝堂为官，出入翰林府院，多有人在。村里原存一块乾隆御赐"翰林学士"横匾。乾隆二十二年春，乾隆南巡至此，又专为"翰林"题诗一首："石甃淙云乱，何从问来脉？摩沙几千载，涤荡金光泽。澄澈不更崖，虽难金毛碧。鸿渐真识味，高风缅畴昔。"并刻石勒碑，今虽匾、碑不存，传其后人仍有拓片。村前原有"圣旨"石牌坊，今亦荡然。

相传古时村前还有"文峰石塔"，因遭雷击，仅留半截，每当傍晚时分，秦淮落日，远远望去，断塔遮日，虽不见残阳，但塔身通亮，湖光映辉，无比壮观，成杨柳村一景，称"半塔斜阳"。惜今不存。

古山庄所在示意图

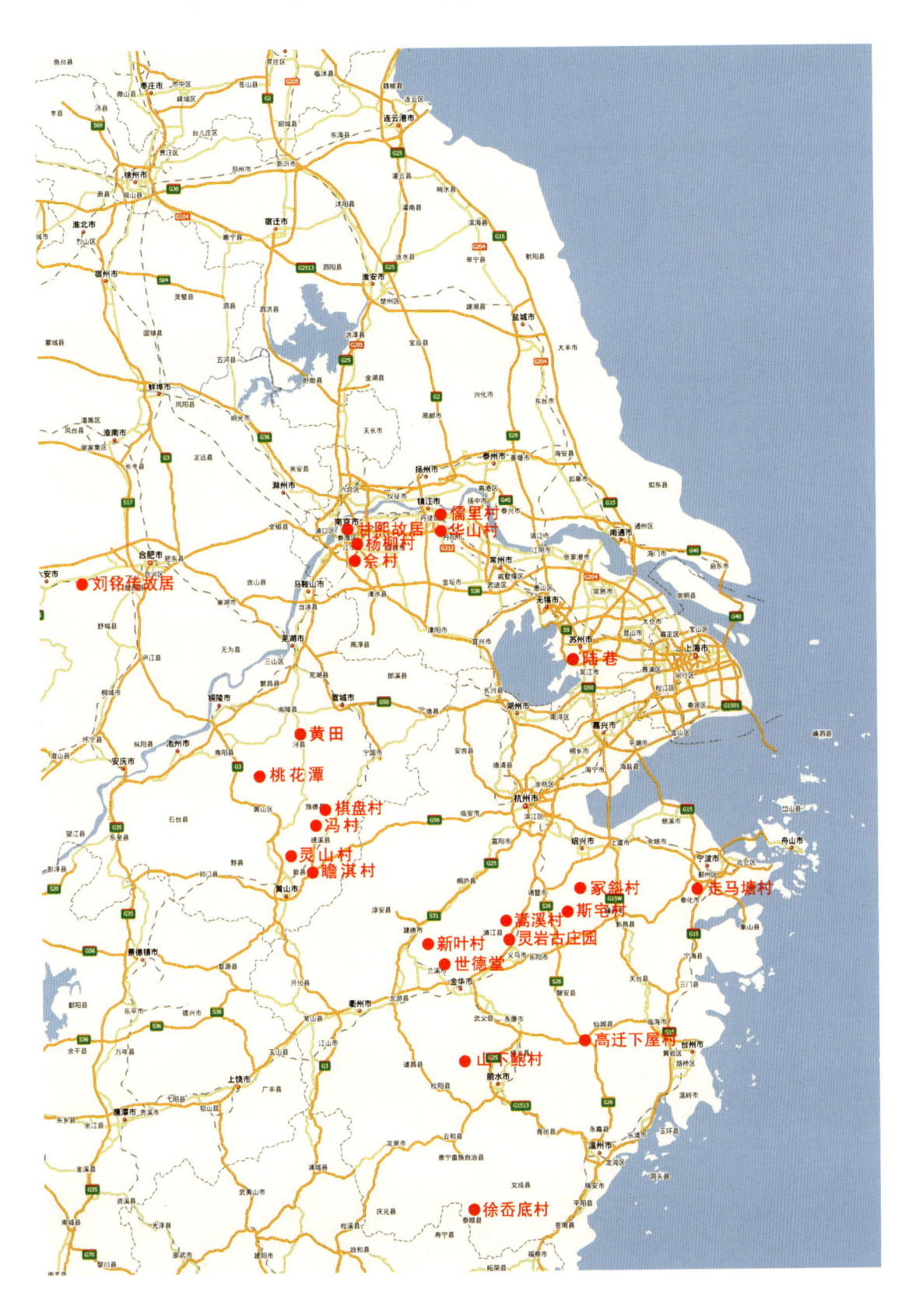

后 记

《尘封的古山庄》课题于两年前形成。几位老友、同事在闲谈中，说到怎么做一件既有益于社会，又有益于自身身心的好事。于是形成了此书的设想、构思、主题，及表现形式，逐一进行了设计。最后，被上海市哲学社会科学规划办公室立为"上海市哲学社会科学规划特别委托课题"。其间，上海市地方志办公室主任洪民荣，以及原主任刘建、副主任莫建备，上海社会科学院副院长王振、社科院出版社原总编辑陈军，均给予鼎立支持；江苏、浙江、安徽三省地方志办公室领导、专家热情解惑答疑；安徽省绩溪县方志办邵本武副主任，曾陪同我们跋涉数百里山路，钻山穿林，寻访古村……

两年中，我们驾车奔驰于高速公路、盘旋在蜿蜒山道，每念及此，激情仍在，尤以穿越丛林，绕行山路，惊心动魄之时，眼前蓦然出现一座古老、尘封的山庄，惊讶之情、好奇之心、满足之感，无以言表，全然超越"柳暗花明又一村"之境界，非常人所能体会。最可欣慰之处，能将此书付梓，让更多人阅后同喜乐、同欣赏、同思考、同感慨，其功德亦必超乎初衷，也算是我们对继承中华传统文化尽了一份绵薄之力。

本书由我们所行苏浙皖三省相关地区五十多个山庄中，按照"有故事、有建筑特色，且风景秀丽"三个标准，选出十八个，其中安徽黄田村、桃花潭镇、瞻琪村、浙江嵩溪村、斯宅村、新光村、新叶村、江苏佘村，由杨晓玲撰写；安徽灵山村、冯村、棋盘村，浙江家斜村、世德堂、山下鲍村、高迁村、徐呑底村、走马塘村、江苏杨柳村，由吴刚撰写。

为补篇幅限制之憾，我们特制相关光盘一张，随书刊行，使之与文字、图片相得益彰。光盘由鄂冀生编导、摄像；闫磊、高竞剪辑；解说词由杨晓玲撰写。

本书撰写过程中，曾阅读、引用众多古籍，如《宋史》、《明史》、《明实录》、《清史稿》、《清实录》，相关府县的古方志资料，以及参考诸多网络、博客文章，裨益良多，恕不一一注明。

《尘封的古山庄》课题组

2014年4月

图书在版编目（CIP）数据

尘封的古山庄 / 尹继佐总策划；杨晓玲，吴刚撰稿 . 一上海：
上海社会科学院出版社，2014

ISBN 978-7-5520-0598-1

Ⅰ. ①尘… Ⅱ. ①尹… ②杨… ③吴… Ⅲ. ①村落—
介绍—华东地区　Ⅳ. ① K925

中国版本图书馆 CIP 数据核字（2014）第 105796 号

尘封的古山庄

总策划：尹继佐

撰　稿：杨晓玲　吴　刚

摄　影：王天平　郭　良　鄂冀生

摄　像：鄂冀生

编　导：鄂冀生

剪　辑：闫　磊　高　競

责任编辑：陈　军

封面设计：闵　敏

出版发行：上海社会科学院出版社

　　　　　上海淮海中路 622 弄 7 号　电话 63875741　邮编 200020

　　　　　http://www.sassp.org.cn　E-mail:sassp@sass.org.cn

照　排：南京理工出版信息技术有限公司

印　刷：上海中华印刷有限公司

开　本：889×1194 毫米　1/16 开

印　张：13.75

字　数：270 千字

版　次：2014 年 9 月第 1 版　2014 年 9 月第 1 次印刷

ISBN 978-7-5520-0598-1/K·242　定价（含 DVD 光盘）：160.00 元

版权所有　翻印必究